金师起点·超级讲师精品书系

李　勇◎著

酒店五层赢利法

——教你做最赚钱的酒店

传递最前沿的酒店管理思维 构建最权威的酒店经营理念

帮助酒店成长，提升行业素质是我们的使命

中国财富出版社

图书在版编目（CIP）数据

酒店五层赢利法：教你做最赚钱的酒店/李勇著．—北京：中国财富出版社，2014.2

（金师起点·超级讲师精品书系）

ISBN 978－7－5047－5088－4

Ⅰ.①酒…　Ⅱ.①李…　Ⅲ.①饭店—商业企业管理　Ⅳ.①F719.2

中国版本图书馆 CIP 数据核字（2014）第 002518 号

策划编辑　刘天一　　责任印制　何崇杭
责任编辑　张冬梅　宋宪玲　　责任校对　饶莉莉

出版发行　中国财富出版社
社　　址　北京市丰台区南四环西路 188 号 5 区 20 楼　　邮政编码　100070
电　　话　010－52227568（发行部）　　010－52227588 转 307（总编室）
　　　　　010－68589540（读者服务部）　　010－52227588 转 305（质检部）
网　　址　http：//www.cfpress.com.cn
经　　销　新华书店
印　　刷　北京京都六环印刷厂
书　　号　ISBN 978－7－5047－5088－4/F·2077
开　　本　710mm×1000mm　1/16　　版　　次　2014 年 2 月第 1 版
印　　张　11.5　　印　　次　2014 年 2 月第 1 次印刷
字　　数　193 千字　　定　　价　32.00 元

内容简介

本书是著名酒店实战派管理专家李勇先生结合自己二十多年来的管理经验总结归纳而成，全书创造性地提出“五层赢利法”的管理理念，为酒店人的实际经营管理提供了新思路和新理念。

本书分七章，内容包括酒店行业趋势分析，酒店五层赢利法（产品定位、人才战略、营销策略、服务创新、赢利模式）及酒店企业文化的建立，全面介绍了现代酒店业管理的各个层面，具有较强的时代感、创新性和实用性。

本书知识性、实用性较强，内容系统、全面、新颖，既有理论的分析，又有经验的提炼；既有案例的剖析，也有方法与工具的总结。阅读《酒店五层赢利法——教你做最赚钱的酒店》，相信读者不仅能获得新知和睿智，而且还能开拓思路，得到一些酒店经营管理的有效方法。

序 言

经营酒店成为实现价值的平台

近些年，我国酒店行业发展很快，不同的酒店遍布于各类城市的大街小巷。

但是，酒店的经营方式和内容却雷同，许多曾经“一招鲜吃遍天”的操作方式，已经无法适应目前日益国际化的市场环境。

在这个酒店经营的汪洋大海中，有人心得意满，一帆风顺；有人则惨淡经营，丢盔弃甲……于是许多正在开酒店的人大吐苦水，感叹竞争激烈，生意难做。的确，在“千米之内百家店”的竞争环境中，要想成功地经营好一家酒店绝非易事。各方面的工作都要做到位，各个环节都不能出现问题。

经过笔者长期的分析与研究发现，许多酒店经营者之所以难以获得成功，就是因为酒店的经营管理者缺少一套系统、全面的理论与实战相结合的知识。虽然他们引进了五花八门的理念，却无法解决日常运营管理中的具体难题。

酒店经营管理是一门艺术，也是一门科学，涉及诸多环节，需要借助于科学的理论、有效的工具和灵活的方法来进行管理。想要实现酒店的从无到有，从小到大，从大到强就必须要有系统的经营管理知识。

“如何打造酒店核心竞争力”、“酒店餐饮业的五层赢利法”（产品定位、人才战略、营销策略、服务创新、赢利模式）、“五层赢利法与酒店企业文化”等，都是未来酒店经营者解决赢利难题的灵丹妙药。

考虑到酒店经营的特点，本书在形式上力求做到灵动活泼、简洁大方；内容上做到实用性强、针对性强、可操作性强，通俗易懂，对从事酒店行业的工作人员、经营者，都有极强的参考价值。

希望本书能得到读者的认可与指点，更希望本书能给读者带来帮助，成为酒店经营者的好帮手和指南针。本书在策划出版过程中，得到了金师起点李强老师、我的助理王东先生的鼎力相助，在此一并表示感谢。

以此为序！

李 勇

2013 年 11 月

目　录

第一章　酒店为何不能赢

第一节　酒店经营的新困局

1. “大餐”受拷问，酒店遇难题

十八大后，“新八条”颁布，中央厉行节俭之风，“大餐”文化受到严重拷问。

作为中高端餐饮上市企业，湘鄂情的巨亏在一定程度上反映了目前国内中高端餐饮市场的惨淡现状。3 月底，湘鄂情发布 2013 年第一季度业绩预告，预计亏损 5500 万～7000 万元，和上年同期赢利 4623.23 万元的业绩相比可谓天壤之别。

从表面上来看，国内中高端餐饮市场也不容乐观。中国烹饪协会在其发布的《2013 年一季度餐饮行业分析》中称，2013 年 1～2 月，全国餐饮收入 4030 亿元，增幅比 2012 年同期下降 4.9 个百分点，是近 10 年来 1～2 月数据第一次出现个位数增幅；特别是限额以上企业的餐饮收入 1278 亿元，比 2012 年同期下降 17.3 个百分点，出现了中国餐饮史上的首次负增长。

不仅如此，在“厉行节约、反对浪费”的倡议下，对大多数人来说，直观的感受或许比数字印象深刻。以往年末年初都是“年会季”，各种单位聚餐挤满中高端餐馆；而 2012 年以来，“聚会潮”被“退订潮”取代，而被退订企业大多是高端餐饮和星级饭店。

中国烹饪协会的调查显示，受访的近百家企业中，60% 的企业出现了退订现象，退订率在 20% 以上的企业超过 10%。中国烹饪协会调查报告指出，对于

2013年的餐饮市场状况，大多数酒店企业不太乐观：约30%的酒店企业认为2013年行业的增长速度将下滑到10%以内；约32%的酒店企业认为将维持2012年的水平；约30%的酒店企业认为有待观察；仅有8%左右的酒店企业认为餐饮行业将以超过15%的速度继续快速增长，而这部分企业几乎都是快餐企业。

在此背景下，如何在保持品牌、品质等优势的同时，逐步适应大众化的需求？一些高端餐企也开始着手进行行业调整，寻求转型。据了解，受影响餐饮企业中近50%及时调整了经营战略，不断创新菜品，开发地方菜、家常菜和特色小吃，推出平价菜、特价菜，吸引大众消费；近40%的企业在进行市场研究，预计未来半年将是关键调整期。

这股政策改革风就像多米诺骨牌一样，除了餐饮企业，星级酒店也受到了波及。

全球头号酒店洲际酒店集团在5月8日对外表示，由于中国厉行节俭风，导致政府支出受到挤压，该公司在华业务日渐艰难。洲际酒店集团表示，在2013年第一季度，在大中华地区的业绩增速仅为1.8%，较为疲软。

虽然该增速在上一季度实现改善，但洲际酒店集团表示，中国领导层换届以及中国经济增速放缓导致以商业为代表的贸易下滑，该集团在华业务将继续承压。在2013年4月，尽管该集团平均客房收益增长了6.2%，但在大中华地区，该值下滑了2.1%。

5月21日，国家旅游局发布《2013年第一季度全国星级饭店统计公报》，公报显示，全国12038家星级饭店第一季度的营业收入总计为536.28亿元，其中餐饮收入为245.19亿元，占营业收入的45.72%；客房收入为216.28亿元，占营业收入的40.33%（见表1－1）。

表1－1　2013年第一季度全国星级饭店经营情况统计表（按星级分）

项目 星级	饭店数量（家）	营业收入（亿元）	餐饮收入比重（%）	客户收入比重（%）
合计	12038	536.28	45.72	40.33
一星级	165	1.98	47.88	45.05

续　表

星级＼项目	饭店数量（家）	营业收入（亿元）	餐饮收入比重（%）	客户收入比重（%）
二星级	3174	42.99	41.82	44.22
三星级	5722	166.58	45.46	36.36
四星级	2275	169.23	48.29	39.35
五星级	702	155.50	44.26	44.51

与上季度相比，全国星级饭店（一至五星级合计）第一季度平均房价、平均出租率、每间客房平摊营业和每间可供出租客房收入均有所下降。与2012年同期相比，全国星级饭店（一至五星级合计）第一季度平均房价略有上升，其余各指标均有下降（见表1－2）。

表1－2　2013年第一季度全国星级饭店经营情况平均指标比较（按星级分） 单位:%

星级＼指标	平均房价比较		平均出租率比较		每间可供出租客房收入比较		每间客房平摊营业收入比较	
	环比	同比	环比	同比	环比	同比	环比	同比
合计	-3.25	1.68	-15.11	-6.50	-17.87	-4.93	-17.99	-3.89
一星级	25.40	20.37	-11.30	-9.68	35.58	38.22	31.72	53.35
二星级	10.75	30.56	-10.08	-4.33	-0.42	32.56	-8.93	27.47
三星级	-0.50	6.16	-14.33	-5.62	-14.76	0.19	-11.46	1.06
四星级	-4.42	-2.10	-16.90	-8.03	-20.57	-9.96	-21.10	-9.27
五星级	-1.86	-6.15	-17.97	-7.78	-19.50	-13.45	-18.43	-8.54

现阶段酒店遇到的新问题，包括三个方面。

（1）中国高星级酒店过剩征兆显现，赢利成难题

中国地方城市的高档酒店日益增多，并呈现过度竞争态势，出现了“五星的酒店抢四星的生意，四星的酒店抢三星的生意，三星的酒店抢经济型酒店的生

意”的局面。

业内有预测称，2010—2015 年，全国每年将新建酒店 1500 家以上，总投资额近 4000 亿元。这些酒店都是中国经济发展势头强劲时规划的，但由于受增长减速和中国新领导层倡导厉行勤俭节约的影响，这些酒店很有可能无法如愿以偿获得赢利。

（2）经济型酒店发展走入十字路口，前途未卜

随着劳动力成本、物业成本等综合成本的持续增加，一些较好地段的店面成本倍增，但经济型酒店本身价格不能太高，所以成本摊薄利润。同时，在各大酒店集团门店规模变大，经济型酒店竞争不断加剧的背景下，恶性竞争、价格战不断上演，这些都对经济型酒店的利润造成了较大的影响。

（3）高端餐饮受挫，行业面临转型

首先，高端市场影响严重，中端市场影响相对较小，大众化市场基本不受影响。其次，正餐企业和会议型酒店受影响较大。最后，市场多元化企业影响小，对公务消费依赖程度高的企业影响大。

面对外部经济环境的变化，餐饮企业也积极采取措施，转变发展方式，调整市场定位，改变营销策略，挖掘新兴市场，取得了一定的成效。但是受到固定资产投资和地理位置等多方面因素限制，转型升级非常困难。

在此情况下，许多企业无奈之下已经采取轮班休假或者裁员的方式来压缩成本，收缩经营。

2. 高端酒店寻求转身

廉政建设，厉行节约，反对浪费是长期的趋势。而这对于酒店经营，特别是高端酒店，影响甚大。不得已，高端餐饮悄然转身，这给中低端餐饮带来了更大的压力。

“今天的餐饮模式应该走群众路线。”武汉颐和尚景酒店管理有限公司副总经理何猛提出，“我们也讲了多年‘一切从人民的根本利益出发’，只要民众食得起，食得合理、健康、卫生、安全，那就会生意兴隆，不要地沟油、添加剂，价格定位低廉，服务定位高端，我相信餐饮业将长旺不败。”

餐饮业未来必将回归理性，高端餐饮将面临剧烈淘汰，“薄利多销”的规则将重新主导餐饮市场，集约化、创新型发展路径是王道，面向个人和家庭消费者的大众化餐饮市场依然有机会。

寻味传媒广州分公司运营总监黎曜嘉公开表示：“不怕说句得罪人的话，这季‘寒冬’来得正好，冷静一下那些靠官吃官的所谓高端食肆，洗净一下那些名不副实的‘私厨’、‘名厨’、‘御厨’。正所谓‘不经寒冬三九苦，哪得梅花扑鼻香’，节俭之风呼啸之下，拼的就是底气，扛的就是能耐，经历一次凛冽的大洗牌之后的‘剩者’必然为王，或许还能托出几颗餐饮巨星品牌。”

通过中国饭店协会 2013 年会上公布的数据来看：能耗成本占营业额的 10%～15%；人力成本占营业额的 20%～25%；物业成本占营业额的 10%～25%；原材料成本占营业额的 40%～50%；利润额平均水平 5%～10%。

由于物业成本上升、原材料价格上涨、人工成本增加、水电气价格上涨、酒店利润下降，对于从事酒店餐饮行业人士来说，应该积极关注新经济、新技术、新生代对传统酒店行业的冲击。

3. 高端酒店转型的误区

高端餐饮就像商品领域的奢侈品，其本质是做工精良，质量上乘，内涵深远，一些高价菜品食材珍贵，烹饪复杂。为应对目前的局势，高端饭店转型成为必然，旨在用平民化的价格做高端，以精湛的手艺、周到的服务、良好的环境去面对低端消费者。只要把价格降下来，老百姓也会喜欢进饭店的。

比如有些酒店改了名字，内涵也要随着名字的改变而有所变化；以后要更加注重养生，“八项规定”不是不让吃了，而是要大家以后吃得更有营养，更养生，更绿色；还有就是“薄利多销”，价格降下来了，顾客多了，利润也不会比之前少到哪里去。

面对酒店经营出现的难题，制订应对方案时，要重点考虑以下问题：酒店如何看待当前的危机？怎样才能转危为机？弃“奢”从“俭”，酒店怎么样适应趋势，积极转型？当前酒店成本如何控制与管理？客户需求发生变化，酒店营销如何应对？

虽然酒店企业积极采取措施，但是从成效上来看并不显著，主要有以下三个方面的困难：

首先，酒店企业固定资产投入大，折旧高，已有的存量资产短时间难以转型。如在北京，高端餐饮企业平均每天每平方米房租在6～7元，每天的房租、员工、原材料成本等平均到每个餐位每天要卖到200元以上才能保本，这还不算固定资产折旧和摊销，大众化消费难以达到这一水平。在这种情况下，企业尽管短时间内通过促销、团购等方式吸引了一些低端客人，并在旺季取得一些营收，但是大多是在亏本经营。如果长期无法得到足够的客源支持，只能选择停业或者重新装修改造来改变市场定位，这将造成社会存量资产的极大浪费。

其次，酒店企业是劳动密集型产业，利润低，再生产投入能力不足。根据我们调查发现，目前酒店行业中“四高一低”现象严重：能源成本高，占企业营业额的10%～15%；人力成本高，占营业额的20%～25%；物业成本高，占营业额的10%～25%不等；原材料成本高，占营业额的40%～50%；利润率低，平均水平仅为5%～10%。同时，企业附带着高企的税费，目前酒店行业企业税费种类多达20项，合计占企业营业额的8%～13%，营业税居高、附加税费项目多、多种税费为核定征收、企业亏损月也要交等不合理情况造成企业生存举步维艰，面对外部环境的变化承受能力差，调整经营方式和改变产品结构所需的后续投入能力不足。

最后，消费者不愿意到中高档饭店用餐的习惯短时间内难以改变。中高档饭店一般而言餐饮收入和住宿收入比例在4∶6，餐饮收入大多来自会议、宴会等消费市场。在这一市场急剧减少的情况下，中高档饭店短时间内难以改变老百姓不愿意到宾馆饭店消费的习惯，在短时间内吸纳居民消费弥补会议宴会市场的份额不现实，因此企业只能承受营业额整体的迅速降低。

第二节　酒店管理者的困惑

1. 酒店成长面临的问题

中国的饭店业是改革开放的先锋，并逐渐成为一个规模庞大的产业，而饭店业的发展为中国的改革开放创造了新的典型，饭店和旅游不一样，我们说旅游是一个年轻的行业，饭店行业比旅游业老很多，中国的饭店业不断地前进，不断地成熟，在不断成长的过程中，我总结了一下，主要面临以下几个问题：

（1）科技含量高的服务项目使用不够

酒店的服务项目要体现科技含量，虽然我国高星级酒店硬件设施已不低于同等档次的国际饭店，但是在高科技应用方面却体现普遍不足。如网上预订普及率不高，与欧美国家相差几倍；在人工智能化对温度、光线的自动调节，宽带上网和电视电话会议设施等科技服务项目有所欠缺。

（2）酒店集团化程度偏低

目前酒店集团化程度美国已达到70%，欧洲国家已达到30%，中国还不到10%。对于中国绝大多数单体酒店来说，可以有两种选择：第一种是加盟国际著名的酒店集团并采用他们的管理服务。第二种对于优势不明显，地理位置不好的酒店，可以加盟一些知名的酒店网络获取客源。

（3）我国酒店管理人素质欠缺、结构不合理，专业化人才缺失

造成酒店管理企业人才缺乏的原因归结起来大概有两个方面：①目前社会公众对酒店管理工作了解不够，很多大中专院校毕业学生不愿意到酒店就业，这在一定程度上也限制了酒店管理水平的提高；②酒店管理教育相对落后，师资水平和教学条件有限，理论与实践相脱节。

2. 民族品牌发展之殇

在肯德基与全聚德并存的中国，好像全聚德从来不占优势，肯德基似乎也从

未把这位中国“老弟”放在眼里。肯德基成功的秘籍是什么？全聚德做不过肯德基的根源又是什么？

按理说，中国人爱吃中国菜是普遍现象，在中国，全聚德应该比肯德基发展得大、发展得好才对。那么，是什么阻碍了全聚德的发展？

2008 年，全聚德为了扩张，成为上市公司，决定提高烤鸭的制作效率，大力推广使用电子傻瓜烤炉制作烤鸭，不料这一消息一经媒体报道，遭到大批国人的反对：国人担忧这样做会使北京烤鸭快餐化。

一般情况下，烤鸭制作过程需要一个多小时，而电子炉可大大缩短制作时间。全聚德表示：为保持电炉烤鸭与传统烤鸭的果木香味完全一致，会把特制的天然果汁提前喷涂在鸭坯上。但是公众还是对口味的差异性提出了质疑，担心在北京大多数饭店烤鸭只卖 38～58 元一套的情况下，一直坚守 198 元一套的老字号全聚德将由此成为中国的“肯德鸭”。

老字号的品牌优势在于独到、优良的产品品质，以及长期积累的信誉优势。而全聚德主动放弃自身的发展优势，自降身价，追求快餐式的发展，盲目效仿肯德基（美国），扩张未能取得预期的效果是可想而知的。

全聚德的非理性决策非此一例，在向全国扩张的选店过程中，全聚德也有着盲目扩张的鲁莽。

全聚德在异地扩张时，采用以收入标准或其他标准为依据，把全国划分为几大经济区，在每一个经济区的中心城市设立旗舰店；待站稳脚跟后，再以旗舰店为基地，向周边的中小城市扩张的策略。这样的选店方式，看似合理，其实同样存在不同目标人群消费差异、口味差异的问题，不能一概而论。不同的区域，消费群体不同，有的以党政机关为主，有的以国有企业为主，有的以合资、外资的金领、白领人士消费为主等。不同的人群，消费倾向性不一，如果未事先进行详细的市场调研，蜂拥而上，盲目进入，结果很难如预期乐观。

总之，全聚德的经营产品单一，地域特征明显，离开北京之后很难找到认同其口味的合适人群，未像肯德基那样入乡随俗，去适应各地人的口味需求。

全聚德 2008 年年报显示：公司除在北京地区完成 1.5 亿元利润外，2008 年仅有上海店实现了 92.67 万元的赢利，其他京外直营店全部亏损，合计亏损金额约1000万元。而其最新发布的2009年年报则显示，“业绩坚持平稳增长，主体得益于公司在北京的三大主力门店营业收入大幅上扬”。

纵观中国的酒店行业，我们发现，全聚德扩张中存在的问题，在大量其他试图异地扩张的餐饮品牌中也存在。只不过因为全聚德是老字号品牌，又是上市公司，有充足的资金来按既定战略进行大规模扩张，所以其失败才更加引人注目。

3. 借鉴“洋文化”的扩张之路

与全聚德这个土生土长的中国餐饮品牌相比，肯德基这个“外乡人”能在中国这个异国他乡开得红红火火，靠的不仅是它的标准化，也不仅是它带来的时尚感和“洋文化”，更重要的，是它那套独具特色的经营理念和管理经验。

肯德基的开店密码之一就是它的100%成功选址。成功的选址，对于一家连锁店的持续营运具有相当大的影响力。相对于全聚德的非理性扩张，肯德基在选址上可谓非常重视、非常专业。

1993年，肯德基的南京第二家分店店址出人意料地选在了南京的山西路商业圈的少儿活动中心。但是如果我们稍加分析，就会发现该选址的合理性。该位置紧挨着当时国内最有名的步行街之一——山西路步行街，这是一个较成熟的一级商圈，仅次于南京新街口商业中心；另外，少儿活动中心让肯德基近水楼台发挥了其受孩子欢迎的优势。肯德基的选址人员从来都是按照标准的商圈和地点评估流程来选址，在对该地点作了科学而专业的评估后，确定该地点的选择是令人满意的。果然，山西路商业圈的少儿活动中心的肯德基餐厅一开业即顾客盈门，生意兴隆。肯德基火暴的人气也在一定程度上带动了这一商圈的蓬勃发展，以至于在当时的南京商界曾经流传这样一种“傍大款”的说法：“选址跟着肯德基走，生意一定红火！”

由此可见，中国的餐饮业在扩张发展时，不妨借鉴一下肯德基的选址理念和选址步骤。

肯德基的开店密码之二是本土化战略。肯德基一直努力研究如何适应中国人的口味、饮食结构、就餐习惯、消费特点等，将入乡随俗这出戏唱得有声有色。不论是根据中国人口味研制的香辣鸡腿堡、香辣鸡翅、芙蓉鲜蔬汤，还是根据儿童口味推出的田园鸡腿堡、脆皮甜筒，都很好地满足了中国人的饮食口味。加上不断推出迎合中国人口味的新品种，使得肯德基的口味常吃常新，赚足了在中国的回头客。

虽然肯德基的传统美式炸鸡已广为中国消费者接受，但是肯德基依然比其他同行更快速地引进新产品，比如老北京鸡肉卷配海鲜沙拉、辣鸡串以及中国式的油条等。同时，肯德基以鸡肉为主要食品这一点，也使它在中国市场占尽优势，因为中国人除了偏爱猪肉，其次就是鸡肉。虽然营养专家一再提醒大家，吃肯德基炸鸡不利于营养和健康，但大多数中国人尤其是女性和孩子，面对肯德基的诱惑还是抵挡不住。这就是肯德基在中国的成功，原因在于它选择了一个很好的产品切入点。

肯德基的本土化战略还体现在它明智地实现了原料采购的本土化。肯德基在中国的本地原料采购比例达90%以上，其中面包、鸡肉和蔬菜等全部来自中国本土，这大大降低了肯德基运营的成本。

肯德基进入中国之初，中国市场尚未完全开放，而家禽饲养是中国农业现代化优先发展的领域，这对肯德基打开中国市场来说是一个十分积极有利的机会。而老对手麦当劳就没有这么幸运了，它进入中国比肯德基晚了三年，机遇稍纵即逝。

正是由于肯德基一开始就在中国实行本土化策略，因而在中国的发展比麦当劳占了先机。“立足中国、融入生活”是肯德基的中国发展战略，越来越多的中国本土企业被肯德基拉入其“魔链”般的本土化产业链中。

肯德基的经营本土化也是不能不提的一项成功经验。肯德基将亚洲区的总部设在上海，因其地缘优势，加之自身对消费者研究的重视，市场反应的速度也更加灵敏。并且把部分餐厅的购置费用降至200万元，而此前购买一家肯德基（美国）餐厅的价格在800万元以上。早在1993年，肯德基就首先把特许经营模式引进中国加以改良，由此开始大举扩张，奠定了自己在中国最大的餐饮企业的地位。自2000年来，肯德基继续探索中国特许加盟的模式，采用“不从零开始”的特许经营，即把特许店交给经营者时，特许店已经是一家成熟的、正在营运的餐厅了，现实的利益能吸引更多的人来加盟肯德基。

“不从零开始”是肯德基根据中国特色创造的一种加盟模式，这一模式不仅可以降低加盟者的投资风险，还避免了自行选址、开店、招募、培训员工等大量繁杂的工作，无疑会增加特许加盟的成功率。此外，中国市场的区域差别较为明显，一级城市与二级、三级城市差别巨大，不能简单地用一个特许权门槛去衡量，在中国市场不成熟的前提下，降低门槛正好符合中国国情。

肯德基的开店密码之三是请营养专家当顾问。肯德基等西式快餐的营养、健康问题一直为大众所质疑。自2000年开始，肯德基诚邀中国40余位国家级食品营养专家，成立了“中国肯德基食品健康咨询委员会”，这似乎是对其营养搭配是否合理的质疑的无声回应。开发多样化产品，针对儿童特点开发推出田园脆鸡堡，针对早餐的营养需要推出早餐系列等，承诺其鸡翅完全健康，让大家放心食用，甚至卖起了“王老吉”凉茶，这些做法在一定程度上打消了中国人吃肯德基的顾虑。

显然，与洋快餐相比，中式快餐更符合中国人的饮食习惯和口味，并且价格相对较低。但是，中式快餐在管理和服务等方面，的确与西式快餐存在着较大的差距。随着越来越多的洋快餐流入中国，中式快餐如不改进自身的经营，改善餐饮的口味，加强品牌的运作，其生存的空间可能会受到更大的挤压。

一些专家提出，中餐有必要学习西餐餐饮进行统一标准化的经营，但是中餐的业内人士提出，中餐很难实行统一的标准化，如全聚德的电炉烤鸭被大众排斥一样。因此，中餐餐饮需要探寻具有自身特色、适合其发展的品牌道路，既学西餐之长，又弥补己之短。

第三节　透视酒店赢利的“黑洞”

1. 定位不准——经营出现困难

酒店赢利的黑洞，首当其冲的就是定位不准：很多酒店没有市场调研、没有专业指导、没有科学论证，导致了经营出现困难。优秀的管理者要做好酒店的七定，即定点、定位、定档、定规模、定类型、定功能、定投资。

（1）定点就是酒店的选址工作

选址是一项长期性的投资，直接关系酒店经营的战略决策，是商业地产链中以消费者为中心的重要体现，是影响酒店效益的一个决定性因素，同时也是制定酒店经营目标和经营策略的重要依据。

酒店选址首先要考虑其业态特征，原则上选在人流多，交通便利的地方。交通便利可以把较远地方的人带进来，又方便人群走出去。交通便利已成为酒店餐饮业必须考虑的重要因素之一。

（2）定位主要体现在酒店产品的定位上

根据酒店产品的属性，能够使顾客体会到的定位方法。如酒店的“豪华气派”、“卫生和舒适”等，酒店往往强调产品的一种属性，而这种属性常是竞争对手所没有涉及的。

（3）定档就是根据酒店的产品档次定位

将某一酒店产品定位为与其相类似的另一种类型产品的档次，以便使两者产生对比。例如，一些酒店将自己客房产品的档次设定为与某一家公众认可的好酒店的客房档次相间，以求使顾客更易于接受他们的产品。

这种做法是为某一产品寻找一个参照物，在同等档次的条件下通过比较，以便突出该产品的某种特性。如一些酒店推出的公寓客房，突出在与标准间同等档次的前提下具备的厨房设施，更加适合家庭旅游者使用，从而达到吸引家庭旅游者购买的目的。

（4）定规模要根据竞争定位

酒店产品可定位于与竞争直接有关的不同属性或利益。例如酒店开设无烟餐厅，无烟意味着餐厅空气更加清新。这实际上等于间接地暗示顾客在普通餐厅中用餐，其他人吸烟会影响到自己的身体健康。

（5）定类型就是根据酒店的使用者定位

这是酒店常用的一种产品定位方式，即酒店将某些产品推荐给适当的使用者或某个目标市场，以便根据这些使用者或目标市场的特点创建起符合这些产品的恰当的形象。

许多酒店针对当地居民“方便、口味丰富”的用餐要求，开设集各地风味于一体的大排档餐厅，便是根据使用者对产品的需求而进行的定位。

（6）定功能就是根据酒店产品用途定位

发掘同一个产品项目的各个用途及各种用途所适用的市场，是这种定位方法的基本出发点。同样是一个大厅，它可以作为大型宴会、自助餐的场地，也可以被作为会议大厅举行各种会议，同时，还可以成为各种展示、展览的场所。对于这样的一个酒店产品，酒店可以根据其不同的用途，在挑选出来的目标市场中，分别树立起不同的产品个性和形象。

（7）定投资要根据酒店的质量和价格定位

价格与质量两者变化可以创造出产品的不同定位。在通常情况下，质量取决于产品的原材料或生产工艺及技术，而价格往往反映其定位，例如人们常说的“优质优价”、“劣质低价”正是反映了这样一种产品定位思路。

2. 服务平庸——缺乏创新

任何企业如果没有顾客光临，生意就会倒闭，因此顾客的价值是显而易见的。但是人们可能不太了解这样一个事实，如果没有足够数量的固定客户，没有几家服务性企业能够维持很久。尤其对饭店、餐馆和其他服务行业来说，生存和成功主要取决于通过优质服务留住固定客人，而不是依赖促销手段和闪电式的销售策略吸引一次性顾客。

每个顾客进入酒店，都对商品和服务的质量有一定的期望值，也对与你的企业打交道时的经历有一定的期望值。如果你们的服务水平超过了他们的期望值，他们就会感知到较高的服务质量。如果你们的服务水平没有达到他们的期望值，他们就会感知到较低的服务质量。在每个顾客的头脑中都有一个天平，会将他得到的服务与他的期望值进行比较。如果还是照搬一成不变的服务模式，甚至机械化的服务流程，无法提供顾客以惊喜的差异化服务，会对酒店未来赢利带来不小的隐患。

顾客潜在的价值分析表明，当不满意的顾客走出店门时，他们将带走一大笔未来的生意。而且，如果不满意的客户把他们对企业的坏印象告诉其他人，也增加了损害未来生意总量的危险性。勒伯夫指出，不满意的顾客平均会把其对企业的不满告诉8～10个人，而每5个不满意的顾客中会有一个人把其不满告诉20个人。对于一般的企业，吸引新客户所花的费用是留住老客户的6倍。其中有个问题需要重视，就是大多数情况下，顾客忠诚度的价值是每一次购买交易价值的10倍。

对每个行业来说，吸引新客户和新员工都是重要的，但是如果不在服务策略上投资，留住老顾客和老员工，酒店企业几乎不可能长久地生存下去。虽然大多数服务性企业无法留住100%的顾客和员工，但是追求一个较切合实际的目标，例如，80%的保留率，则可以给饭店带来较高的利润水平。

一个酒店企业如果能达到80%的保留率目标呢？勒伯夫在一次关于“为什么顾客离开了”某个企业的问卷调查中可能已经找到了线索。这次问卷调查的结果如下：

3%的顾客搬家走了；

5%的顾客与其他公司交上了朋友；

9%的顾客由于竞争的原因离开了；

14%的顾客对产品不满意；

68%的顾客因为店主、经理或一些员工的冷漠、平庸的态度而离开。

所以，推陈出新，打破传统的服务流程模式，增加更多忠诚的客户是未来酒店企业之间竞争的制胜法宝。

3. 运转不畅——缺乏团队合作

(1) 缺乏良好心态

中国人的一个弱点就是：人人相轻，只要能轻视别人，总能找到理由。比如北京人轻视广州人，上海人轻视外地人，城里人轻视农村人，南方人轻视北方人，有钱人轻视穷人，开车的轻视走路的，走路的轻视扫路的，吃饭的轻视做饭的……总之，就是不会相互尊重。

这种互相轻视的现状也存在酒店里，主要表现为高学历轻视低学历，干部轻视员工，办公室的轻视餐厅服务的。

这就是典型的漠视团队、缺乏团队精神的表现。中国人很少会把团队利益放在个人利益之上。我看到很多职业经理人其实很不“职业”，也谈不上敬业，更谈不上团队精神，把个人或者部门凌驾于整个团队之上。

（2）缺乏团队合作

要建立一个高效的酒店战斗团队，仅仅把握原则是远远不够的，还必须要打造成一个高效的团队，因为没有哪个顾客想“享受”一个低效团队提供的服务。那么，什么样的团队才是高效的团队呢？

首先，要有统一的目标。每个团队的建立或存在都有一个特别的任务，团队队员以完成这个任务为主要目标。因此，团队队员应该充分了解到团队存在的理由，团队的界限及团队在组织中所扮演的角色、地位和功能。比如，酒店餐厅服务员、酒店保安，都要各司其职，但是在工作中要以服务好顾客为目标。

其次，团队规则。在团队工作中，规则引导个人行为方式的标准化，在标准化的工作氛围中，人人都可达到最大的工作效率和最快的个人核心能力提升。责任分享包括两个层面：一是在团队队员共同分摊团队的工作过程中。二是针对团队的最后成果而言，团队的特色在于顺利完成团队目标的同时，全体队员将分享该成果，共同接受组织的激励与奖励，相反，当团队无法顺利完成特定任务时，则全体队员将共同承担这一失败的责任。

最后，工作氛围。有情感的人组成的团队情况往往非常复杂。无论是团队成员的生活情感、道德情感还是审美情感。但最关键的应该是那些更容易在团队成员之间引起互动关系、更容易影响团队组织绩效的那些情感，也就是成员之间的情感互动作用所产生的基于团队层面的情感。虽然团队成员的地位是平等的，但是店长或者团队负责人在一个团队中的实际作用却很大，他以及骨干队员在沟通信息、营造氛围、团队对外交往甚至在调解团队内部冲突中都扮演着重要的角色。

（3）缺乏整体配合

酒店是一台完整的机器，是一个互相关联的整体，各部门工作必须密切配合，以便提高工作效率和整体效益。然而，事实却并不理想。那么如何做好酒店团结、配合的工作呢？

酒店各部门要加强沟通和了解，互相创造条件，互相发扬风格，善于维护酒店整体形象，努力增加整体效益，坚决反对小团体主义、自由主义和本位主义。

酒店各级领导要把能否搞好协作配合作为自身能力水平高低的一个重要标志，酒店提拔任用干部也要把能否以大局为重、团结共事、发扬风格、关心他人作为一项基本条件。

对有意闹不团结、工作不配合支持，造成损失和不良后果的干部职工，要进行认真批评教育，情节严重或屡教不改者，要进行严肃处理，直至免职或辞退。

酒店部门之间平时工作不能推诿、互相埋怨指责，出现问题要主动承担责任，做好善后工作，酒店要实行“内方外圆”管理，对外要口径一致，要永远保持一个团结的战斗整体。

（4）缺乏沟通协调

对于酒店的管理者来说，与员工进行沟通是至关重要的。酒店的管理运营，其实质就是一种思想、观点、情感和灵魂的沟通，是沟通的最高形式和内容。沟通是完成酒店管理根本目标的主要方式，因为管理者要作出决策需从团队那里得到相关的信息，而信息只能通过与下属之间的沟通才能获得。

酒店管理者如果缺乏与员工之间的沟通，会使管理者对员工不能进行有效的管理，增大团队的资源内耗；也使得员工缺乏对团队精神的理解与共识，更不可能认同团队的共同使命、完成团队的共同目标。所以说，再好的想法，再有创见的建议，再完善的计划，离开了与员工的沟通都是无法实现的空中楼阁。

4. 管控不力——管理不当

做好酒店管控，应该从以下方面着手：远景比管控更重要；信念比指标更重要；人才比战略更重要；团队比个人更重要；授权比命令更重要；平等比权威更重要；均衡比魄力更重要；理智比激情更重要；真诚比体面更重要。

由于行业特性、工作环境、用工条件不同，套用一般企业的管理方式来管理酒店人员，往往水土不服。那么，如何来管理这些餐饮酒店的人员呢？

（1）制度化管理

大凡管理，都必须要有这些“章法”作前提，酒店管理也不例外。酒店管理制度不宜繁多，因为推行起来往往难度较大，如果执行不力，打了折扣，就会让很多制度“流于形式”。管理的关键在考核，考核的关键在落实。因此，在实施制度化管理时，在制度执行和落实上一定要一视同仁，不能厚此薄彼。

(2) “自治”管理

酒店工作人员，大多来自农村打工一族。因此，在管理酒店人员时，如果能采取“自治”的方式，开展自我管理，往往能够起到更好的推动效果。从员工当中，优选有管理能力的人员，经过培训或者一对一帮扶等，快速提高他们的组织、管理能力，并委任领班、大堂经理或前厅经理等管理重任。

(3) 人性化管理

在酒店管理中，如果能够给予员工人性化的管理方式，则更容易受到员工的欢迎和青睐，以一种潜移默化、和风细雨式的管理方式，实施人性化管理。

人性化管理并不是人情化管理。人情化管理往往容易忘记原则，最终让管理和制度流于形式，管理变成了“一团和气”，变成了“你好我好大家好”，变成了“和稀泥”和“打太极”，让管理无法进行下去。

人性化的管理，其实是一种不显山不露水地达到管理目的的管理方式。比如，有的酒店推出员工首次违纪不罚款，但在一定时间内再犯一并处罚。第一次违反制度，只开罚单，但不真正罚款，仅仅是警告你，提醒你，但如果在一个月内再次违反制度，就采取两次一并执行处罚，这就是一种人性化的管理方式。毕竟，人不是神，都有犯错误的时候，通过给予改正的机会，有时可以间接地达到鞭策的效果和作用。

5. 用人失误——人员配置失调

随着中国经济社会的不断发展，劳动力成本的逐渐提高，酒店也认识到人力资本提高侵吞了酒店的利润。随着用人成本的上升，如果用人方案一成不变，仍按原来的人员配置、原来的劳动生产率行事，利润不抵成本的侵吞是必然的结果。

与国际上酒店业人员配比的平均水平相比，国际酒店惯例是一间客房配备一个员工，也就是1∶1的配置比例。而国内很多的酒店，远远没有达到这个水平。

主要原因有三个：

首先，组织结构可以简单地分为服务中心和利润中心两部分。以职能部门组成的服务中心，包括人力资源、计划财务、市场营销、工程、安保等部门。以经营部门组成的利润中心，包括客房部、餐饮部、娱乐部、商场及其他经营部门。两个中心互相支持、互相配合，为了酒店经营的最终目标而工作，使顾客满意、使酒店赢利。

而国内的酒店部门设置主题不清，不少国内酒店设置办公室、综合部这样的部门，办公室、综合部的工作由一名行政助理负责就全部解决了。像党委、工会、团组织等部门可以由别的部门的人员兼任。

其次，很多酒店实行三班看管，这一规定使酒店耗费了不少无谓的劳力。国际上酒店的自动化设备是不需要安排人员看管的。一项规定，可以使一个酒店多增加 6 ~ 8 个人员的成本开支。

又比如，酒店前台的外币兑换业务。银行规定，一个班次要配备 2 人以上，可以批准进行，其他前台人员兼职是不允许的。这个规定，使得酒店需要配备额外的人员，否则，前台工作人员都可以在有此项业务时，为顾客提供服务即可。

最后，有众多和酒店业务配套的专业化公司，可以随时为酒店提供各类服务。这类专业公司有清洁公司、维修公司、公关公司、培训公司、介绍有专业技能小时工的猎头公司。

这样一来，酒店的许多工作就不需要长期雇用正式员工，只要和这些专业化公司签订合同，即随时能够得到所需的服务。当前，我国这样的专业配套公司还很少，已经运作的只有外墙清洁公司。如果各类专业公司不断形成，酒店的长期雇用员工人数可以大大减少。

6. 效率太低——时间安排不合理

由于酒店属于服务行业，不属于生产企业，所以劳动生产率的问题，一直没有引起多数酒店的重视，并没有作为酒店赢利能力的考核指标。多数酒店关心的是如何控制批准的总的工资额度，但没有考虑如何提高劳动生产率。

按照国际酒店业的惯例，人均创利是一项非常重要的经营效益指标，这项指标越高，说明酒店的经营管理越好。这项指标高，劳动力成本占营收的比例就不会高。

酒店经理人学会时间管理需要分析应如何使用目前的时间，建议可以采取日志的形式。具体做法是，把一天的工作分为每半小时的计算单位。在制定日志时应真实可行。每日工作结束后，应注明该日的工作属于正常、超出原计划，还是未达到预定计划。

为使记录准确，应详细记录一周内每日的工作情况。在每周结束时，要仔细研究所记录的事况信息，事物是否具有规律性？哪些是最耗时解决的问题？如何加以解决？是否真正委派了任务？什么人、为什么经常打断你的工作？你应该如何控制或消除这些工作中的干扰？

其他问题包括：

何时是一天中最具效率及最不具效率的时间段？

投入于有效工作的百分比是多少，这个数值是否使你感到惊奇？

你是否从事于喜欢做而并非最重要的工作，是否经常这样做？

你是否经常避免做某类工作？

在你的工作中，有多少是不必要从事的活动或与你的目标无关？

什么是你提高效率最佳的机会？

需要重申的是，在分析你的每日日志的时候，应着重真实性。你是唯一了解真相的人。只有在问题确定时，才有可能去解决它们。

第四节　打造酒店核心竞争力

1. 酒店经营的核心竞争力

核心竞争力是指公司由于拥有竞争对手难以复制或效仿的业务系统，在特定的市场开发的能够实现低成本或高收益的能力。只有在以下情况下，公司才能获得核心竞争力：①拥有对关键资源的特许使用权；②建立了专有资产；③开发出无法模仿的能力。

具备核心竞争力的中国酒店少之又少。

一开始，中国酒店业的发展走引进的道路，引进设备、引进管理、引进人才。假日、喜来登、希尔顿、香格里拉、凯悦等世界一流酒店的先进管理经验先后引入我国。经过选择、吸收，到了20世纪90年代，众多的酒店逐步形成自己的管理风格，形成各自不同的管理模式和核心竞争力。现举例说明：

（1）珠海度假村的管理模式是争取三方满意：员工满意、客人满意、业主满意。其运行机制是：满意的员工→满意的服务→满意的客人→满意的效益。

（2）青岛海景花园大酒店则创立了独具特色的“双零动式”管理，即“零距离服务与零缺陷管理”。零距离服务就是把客人当做家人，酒店就是客人的家外家，让客人找到一种人性化的超近距离感，充分享受家庭式的温暖。零缺陷管理则是把酒店看成一个系统网络，不断完善这一过程，使管理质量无限接近零缺陷的过程。

（3）其他管理模式，如白天鹅的“诚挚、热情、亲切、朴实”的风格，锦江集团“一流服务、一流管理、一流效益”的信念、“谦虚、认真、严格、高效”的锦江精神，都充分显示了我国酒店业的发展成果。

我国大部分中小型酒店服务管理不规范，缺乏科学化、制度化、标准化的管理，员工中存在情绪化服务倾向。中国酒店业应克服自身缺点，对内重视人才，孕育独特的酒店文化；对外推崇服务质量，形成系统的市场发展战略，全面打造民族化的酒店品牌，形成强大的核心竞争力。

2. 酒店“五层赢利法”

一只猴子在四处寻找食物。它从一个岩石的间隙中看到在岩石那边有一棵结满果子的果树。于是拼命想从岩石狭小的间隙中钻过去。对于猴子来说岩石那边的果实是它渴求的利润，猴子意志坚定地一直使劲儿钻过狭小间隙，身体被岩石磨破多处，经过3天的劳累和饥饿，猴子瘦了，它竟然很轻松地钻了过去，并美美地吃上了果子。等树上果子全部吃完后，猴子准备继续找食物，这时它才发现，因为太饱，它又钻不出来了。

这只可怜的猴子因为没有找到赢利模式，结局一定是悲惨的。

如果猴子将果子搬出岩石存放，同时边吃边找新的果子或与其他猴子分享果子。显然，寻找到了赢利模式，结果事半功倍。

赢利模式是指，店铺以赢利为唯一目标，根据自身资源和经营环境，将市场、产品、服务、人员及资本等要素进行匹配组合与管理的过程和方法。

我从事酒店管理培训多年，研究出酒店五层赢利法的核心内容，如图 1－1 所示。

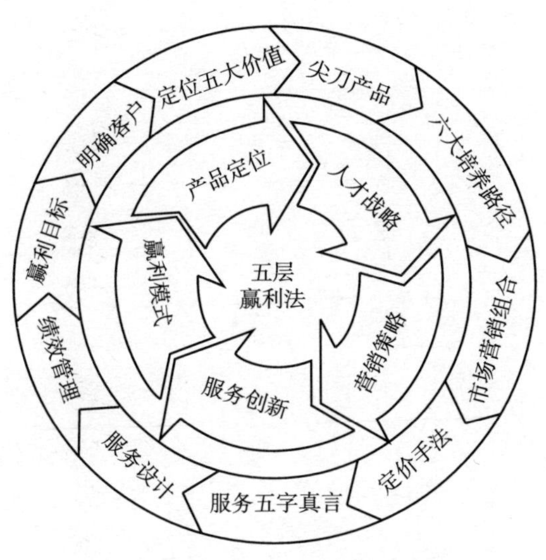

图 1－1　五层赢利法

图 1－1 中，关于五层赢利法解释如下：

产品定位——市场中找到自己的尖刀产品；

人才战略——你不理才，才不理你；

营销策略——找对人、说对话、做对事；

服务创新——好服务都是设计出来的；

赢利模式——用绩效管理确保赢利目标。

第二章　产品定位：酒店赢利的瞄准器

第一节　做好市场调研的方法

没有调查就没有发言权。有效的酒店管理必须建立在了解市场、了解客户、了解竞争对手以及了解自己的基础上，不能动辄“我想”、“我认为”。市场研究就是对相关信息的收集、整理和分析，又称市场调研、市场调查。

1. 市场研究的方法

信息收集是市场研究的基础，没有充分的信息就无法进行市场研究。信息收集的范围不仅仅局限于市场和客户本身，还包括参与所研究市场的竞争对手和合作伙伴，以及对市场的变化起着影响作用的外部环境，不仅收集企业外部信息，还要收集企业内部信息。

市场调查主要有资料法、专家法、访谈法、观察法、实验法等方法，每种方法各有其优点和不足，需要依据研究的目的、对象选择合适的市场研究方法。

（1）资料法包括收集专业书籍、专业报刊、相关网站、行业研究报告、年鉴以及企业内部相关资料等。资料法信息收集快、收集量大，但属于二手信息。

（2）专家法就是向专家咨询，依靠专家的知识和经验，对问题作出判断、评估和预测的一种方法。运用专家法要避免对权威的盲目信从。

（3）访谈法的形式包括一对一访谈、电话访谈、集体座谈、调查问卷等。面对面的访谈法需要调研人有较高的访谈技巧，使谈话进行得顺利并能充分了解信息，但也要避免被访者在调研人的诱导下提供不真实的回答。

(4) 观察法中，神秘顾客暗访是常用的观察法。观察法根据观察方式分为现场观察法，如销售现场、使用现场、供应商生产现场等；痕迹观察法，即不直接观察被调查对象的行为，而是观察被观察对象所留下的痕迹；行为记录法，就是通过录音机、录像机、照相机等一些监听、监视设备，记录下被调查者的活动或行为。

观察法的优点是被调查者在被调查的时候，并不感到自己正在被调查，能保持正常的活动规律。但是，观察法要避免被表面现象所迷惑，要去思考事情发生的真正原因和顾客的动机。

(5) 实验法是指在既定条件下，通过实验对比，对市场现象中某些变量之间的因果关系及其发展变化过程加以观察分析的一种调查方法。常见的实验法包括：新产品测试、试销性实验、因果性实验等。例如，通过改变包装、改变价格、调整广告等方式观察对销量的影响。

收集信息之后，如何进行分析呢？一般采用定量分析和定性分析相结合的方法。

①定量分析，即将结果用数据定量表示，如市场份额、客户满意度、重复购买率等。用于定量分析的信息收集是有结构的，数据分析采用统计的方法。做好定量分析，必须建立在一定信息收集量的基础上。

②定性分析采用的是非统计的方法，主要是采用比较、归纳、演绎等逻辑推理方法。分析目的是对理由、动机、观念、趋势等求得一个定性的理解。如消费者对服务越来越重视、客户满意度在下降、竞争对手加大了市场推广力度等都属于定性的范畴。

市场信息是动态多变的，市场研究应是持续性的、长期性的。日常性的市场研究是酒店管理者的一项重要工作，只有时时关注市场，才能随机应变。在快鱼吃慢鱼的时代，只有对市场信息的快速反应，才能及时推出满足消费者需求的产品，从而抢得市场先机。

2. 挖掘客户需求的方法

市场调查、客户反馈、体验客户是了解客户需求的三种最主要的方式。其中市场调查常常用于对客户明确需求的获得，而客户反馈、体验客户这两种方式则是深入挖掘、探索客户隐含需求的常用方法。

（1）市场调查

针对产品规划所需要的基础性信息，如客户的购买行为、对产品功能、价格、服务的期望等要素，设计调查问卷，针对目标市场进行抽样调查。

（2）客户反馈

所谓客户反馈，就是收集客户在使用产品中遇到的问题、意见或抱怨。产品经理可以从多种直接或间接的渠道了解客户的反馈情况，比如客户投诉电话或邮件、客户现场服务人员的反馈、销售人员的反馈。

（3）体验客户

所谓体验客户，就是把自己当成客户，体验客户使用产品的真实感受。体验客户需要产品经理经常直接深入客户当中，去体察客户、跟踪客户的应用情况。

通过上述三种方式，可以完整地收集到客户的各种需求，然后进行筛选、分类、归纳、总结，从纷繁多样的客户需求中找出其中的共性和规律，作为产品开发的重要参考。

3. 如何创造客户体验

关注客户需求，不仅要关注客户的“理性”需求，还要关注客户的“感性”需求。客户体验突出了客户感性需求的重要性，通过技术与人性、科学与艺术的有效结合，在实现基本的功能和性能的基础上，使产品更加人性化，从而创造出令客户难忘的体验，让产品和客户产生共鸣。

简单地说，客户体验就是客户对产品或服务的心理感受。例如，人们去星巴克喝咖啡所感受的休闲、享受以及小资情调，青少年穿耐克鞋的酷炫感受，使用宜家家居感受到的简约而不失时尚的生活方式……可见，客户获得的不仅仅是带来实际功能的产品，而是一种感觉，一种情绪上、体力上、智力上甚至精神上的体验。

为了进一步了解客户体验，这里把客户体验分为三个层次，即感官体验、使用体验、结果体验。

（1）感官体验

产品通过对客户视觉、听觉、触觉、嗅觉及味觉等感官刺激使客户获得的心理感受，即为感官体验。感官体验是客户对产品最直接的体验，也是最容易感受到的。

例如，星巴克把典型美式文化分解成感官体验的元素：视觉的温馨，听觉的随心所欲，嗅觉的咖啡香味等，透过巨大的玻璃窗，看着人潮汹涌的街头，轻轻啜饮一口香浓的咖啡，这些都非常符合都市白领的感觉体验。

（2）使用体验

客户在使用产品中的感受是客户对产品的进一步体验。产品使用体验的目标是使产品易用、友好。比如，去酒店体验的菜品，如何能达到顾客的需求，只有去吃过的人才懂得。

（3）结果体验

客户在使用产品的功能之后所产生的体验，称为结果体验。比如，酒店使用电饼铛或面包机做出了美味的面食，会产生出成就感，这就是典型的结果体验。

4. 以客户为中心的思维

做好客户需求挖掘，一个重要的前提是，建立以客户为中心的思维方式。原因很简单，今天，酒店行业竞争激烈，各种各样的酒店遍地开花。客户在选择酒店服务上占据了主导地位。然而面对众多的酒店，客户该如何选择呢？

首先，客户要看酒店的功能和特性是否满足自己的需求，如果客户请朋友吃饭，可能会选择一家物美价廉，而且干净的酒店。

其次，客户要看酒店的服务是否值得信赖。有人问，海底捞为什么这么火？因为海底捞的服务到位。很多顾客就是冲着这种客户体验去的。

最后，客户要看酒店是否能满足自己更个性化的需求。比如，选择一家酒店办婚宴，这就需要酒店档次要相对较高，酒店内有宽敞的空间，等等。这些，都是客户以自我需求为出发点的。

以客户为中心，可以说是个广为流行和认可的经营理念，然而，在酒店实际经营中，却常常有意无意地远离了以客户为中心，主要有以下三个表现：①以我为中心；②以老板为中心；③以竞争对手为中心。

（1）以我为中心

以我为中心，就是完全以酒店管理者的品位、喜好为导向，这样就会离客户的真实需求越来越远。

（2）以老板为中心

比起以我为中心，酒店管理者更棘手的问题是如何处理来自老板的想法、建议甚至命令。如果老板的想法和客户的想法比较吻合，这就不是什么问题。酒店管理者需要思考的是老板是不是也是以自我为中心，没有经过调研分析，拍脑袋作出的决策。如果完全以老板为中心，产品也很有可能远离了市场的需求。

克服以老板为中心，需要酒店管理者能够深入市场、接近客户，拥有一手的事实和数据，在此基础上，与老板进行讨论，用事实是最好的说服方法。当然这需要酒店管理者不要有过于迎合的思维模式。

（3）以竞争对手为中心

酒店管理者在研究分析竞争对手产品的时候，有时容易陷入竞争对手的思维框架中，尤其管理者在面对强大的竞争对手，或者是市场反应良好的竞品的时候更容易这样。

然而，可能会存在以下问题：竞争对手和本酒店的实力不一样，别人能做出的，自己未必有能力做出，菜品、服务等同质化严重，陷入价格竞争，当本酒店模仿别人推出新菜品后，竞争对手已经降价了等。

第二节　做好竞争对手研究

1. 谁是真正的竞争者

进行竞争者研究，首先要确定谁是真正的竞争者。竞争者的一般定义就是和自己抢夺相同客户的酒店。

可以说，和谁竞争，取决于酒店的细分市场和目标客户。通常酒店管理者更倾向于把那些在市场上直接短兵相接、针锋相对、对日常业绩威胁最大的酒店看成竞争者。这并没有什么错误，但从长远来看，这种观点将酒店管理者的视线局限于狭隘的市场空间。

例如，麦当劳和肯德基在外人看来，他们似乎更像合作伙伴，携手开拓中国快餐行业市场。

2. 竞争的四个层次

美国学者唐纳德·莱曼把竞争者分为四个层次，即产品竞争、品类竞争、替代品竞争和预算竞争（见图2-1）。

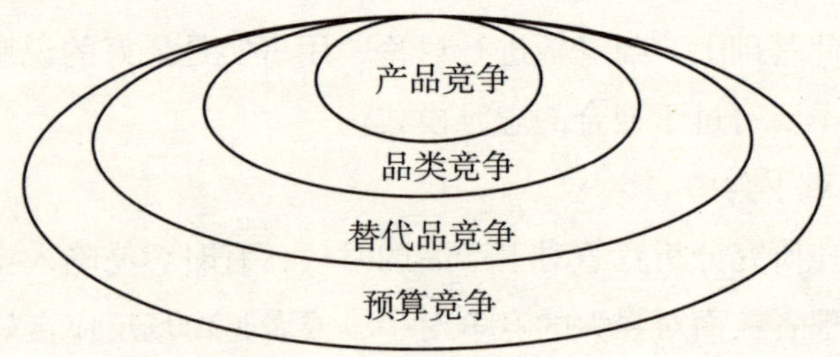

图2-1　竞争的4个层次

（1）产品竞争

即同一类型酒店之间的竞争，相互竞争的酒店的属性基本相同，有时甚至完全相同。一般情况下，产品层面的竞争者对公司日常业务威胁最大，相互之间的竞争最为激烈，他们是同一目标市场份额的瓜分者。例如，全球范围内，麦当劳和肯德基之间的竞争，在北京市场上，海底捞和城一锅两家火锅店之间的竞争。

（2）品类竞争

即品类之间的竞争。所谓品类就是在原有的产品基础上发展出新的分类，但是产品的基本属性基本相似、产品的形式变化不大。品类产生了新的细分市场，所以品类竞争也是细分市场之间的竞争，例如麻辣火锅和清汤火锅在市场之间的竞争。

(3) 替代品竞争

替代品即满足客户相同需求的其他形式产品，替代品和被替代产品的相比属性已经发生了很大的变化。例如，不吃火锅，可以选择吃炒菜。

(4) 预算竞争

一种更广泛的竞争观念，它认为组成市场的任何产品和服务都在争夺相同客户的开支。即客户在有限的预算下，在一家酒店消费了，就没有预算去其他酒店消费。

3. 如何进行竞争分析

知彼知己，百战不殆。确定了谁是主要竞争者之后，就要认真研究竞争者。对竞争者的情报收集、分析和应用是进行竞争者研究和分析的三个重要步骤（见图2-2）。

图2-2 竞争者分析系统

(1) 竞争者情报收集

竞争者情报收集主要有以下渠道：竞争产品样本和产品说明书收集；竞争者网站监控；竞争者广告和媒体报道监控；竞争者专利申请情况；竞争者销售终端监控；报纸和简报；行业性期刊；酒店名录；上司公司年报；行业主管部门；供货商；客户；行业会议、展览会、供货会。

(2) 情报分析

产品层面分析主要包括竞争产品与自己的产品进行对比分析，主要包括产品的市场表现、产品的属性、产品的营销组合策略等。

(3) 分析结果应用

首先是决策。竞争分析是酒店管理者进行决策的重要依据，包括酒店产品定位、功能、包装、定价、宣传方式等方面的决策。

其次是预警。通过竞争情报的收集以及竞争分析，能够预测竞争者的下一步目标或行动。对于竞争者可能发起的挑战能够有提前的准备。

最后是学习。通过对竞品的比较，进行学习和借鉴。尤其是相对处于劣势的酒店，更需要以学习的态度研究竞争对手。

第三节　酒店定位定江山

1. 产品定位的概念

产品战略是对产品或产品线的全局性、长远性、方向性、根本性的规划。战略就是做正确的事，通过产品战略的制定，可以避免急功近利和盲目性。酒店管理者可以运用产品战略，将职能部门的目标引导到战略方向上，减少部门的分歧。

产品战略一般包括四个部分：产品使命；产品愿景；目标客户的选择及产品定位（见图2－3）。

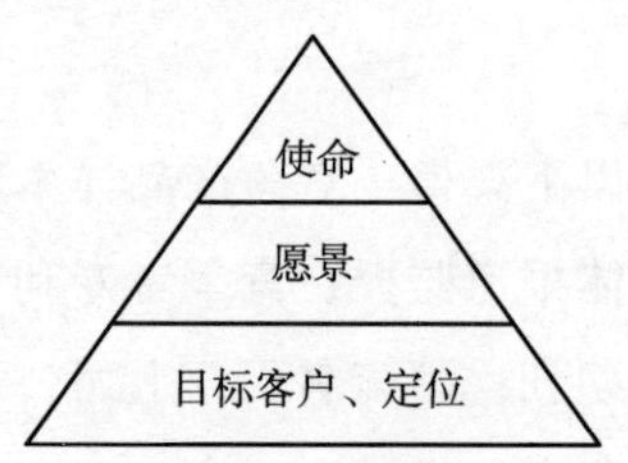

图2－3　产品战略的组成部分

（1）产品使命

使命即责任。就像军人的使命是保家卫国，医生的使命是救死扶伤。产品的使命就是产品对酒店内部或外部的责任。使命确定了产品存在的目的、意义和价值。

（2）产品愿景

愿景的英文是vision，即景象。产品愿景即产品要去哪，产品的长远目标是什么，产品的未来是怎样的。

（3）目标客户的选择

目标市场，即产品针对的目标客户群。确定目标市场，首先要进行市场细分，然后选择一个或多个目标市场。

（4）产品定位

产品定位，即产品在客户心中的位置，或者说，产品与众不同的地方。产品定位也是产品营销战略的核心，又称为客户价值主张，俗称卖点，即产品带给客户的最主要价值是什么，产品最能打动客户的地方是什么，产品与竞争对手相比最大的优势是什么。

“定位”一词是由两位广告经理艾尔·里斯（AL Rise）和杰克·特罗（Jack Trout）于1972年率先提出的，他们对“定位”的定义是：“定位是以产品为出发点，但定位的对象不是产品，而是针对潜在顾客的思想。也就是说，定位是为产品在潜在顾客的大脑中确定一个合适的位置。通常情况下，无论酒店是否意识到产品的定位问题，在顾客的心目中，一定商标的产品都会占据不同的位置。”

例如，“希尔顿酒店”在顾客认识中意味着“高效率的服务”，“假日酒店”则给人“廉价、卫生、舒适、整洁”的市场形象。

由上述定位的概念可以看出，定位始于产品，然后扩展到一系列的商品、服务、某个企业、某个机构甚至是某个工人。对酒店而言，酒店的产品定位并不是酒店要为产品做些什么，而是指酒店的产品要给顾客留下些什么，即给顾客造成自己的产品有别于竞争对手的印象和位置。实际上，产品定位就是要设法建立一种竞争优势，以使酒店在目标市场上吸引更多的顾客。

酒店产品定位从另一个角度看，是要突出酒店产品的个性，并借此塑造出独特的市场形象。一项产品是多个因素的综合反映，包括性能、构成、形状、包装、质量等。产品定位就是要强化或放大某些产品因素，从而形成与众不同的特定形象。产品差异化是达成酒店产品定位的重要手段，在这里必须强调的是，此处所谓的产品差异化并非单纯地追求已有产品变异，而是在市场细分的基础上，寻求建立某种产品特色，是市场营销观念的具体体现。

2. 酒店产品定位步骤

酒店产品定位要达到的主要目的就是使顾客能够将本酒店与其他竞争对手区别开来。为实现这一目的，通常必须开展以下几方面的工作：

（1）确定竞争对手，分析竞争对手的产品

酒店的竞争对手实际上就是酒店产品的替代者，即有与酒店相同或近似的特点（如相同或相近的地区、酒店星级、顾客群、价格等）的酒店。

判断某一酒店的产品是否和本酒店的同类产品存在竞争，有一简单的测试方法：在酒店降低产品价格时，观察对方的顾客是否转移过来，如果有，则说明对方是酒店的竞争对手，顾客转移得越多，说明竞争程度较高；反之则较弱。

确定竞争对手之后，酒店必须采取多种渠道收集竞争对手产品的有关信息，了解目标市场上的竞争对手向顾客提供何种产品，其质量、数量、价格、特色等方面与本酒店同类产品比较有哪些优势和不足，从而明确竞争对手的产品定位情况。

对竞争对手产品的调查可以通过多种渠道，例如向曾经购买竞争对手产品的顾客进行调查，了解他们的购买经历、对产品的评价等信息；也可以派人到竞争对手那里实地消费和观察以获取准确的有关竞争对手产品的资料。可以记录对各个竞争对手的调查数据，汇总目标市场内的总体竞争情况并与本酒店进行劣势对比。

（2）准确选择竞争优势，树立市场形象

通过上一步骤，酒店对目标市场内的竞争对手及其产品进行了细致深入的调查和优势分析，发现本酒店优势所在，这些优势就是酒店产品定位的主要基础。

酒店可能会面对多种竞争优势并存的情况，此时强调所有的优势并不可取，因为那样有时会给顾客留下“王婆卖瓜”的感觉，而且，信息过多反倒会失去重点，不利于加深顾客的印象。因此，酒店应当运用一定的方法，在众多竞争优势中进行取舍，评估和选择出最适合本酒店的优势项目，并以此初步确定酒店产品在目标市场上的位置。

酒店产品的优势一经确定，就必须采取各种手段准确有效地向目标市场传播酒店产品的定位观念。酒店产品的优势不会自动地在目标市场上表现出来，要使这些优势发挥作用，影响顾客的购买决策，酒店需要以产品特色、优势为基础，树立鲜明的市场形象，通过积极主动而又巧妙地与目标市场中的顾客进行沟通，引起顾客的注意和兴趣，求得顾客的认同。

在对目标市场进行宣传、沟通时，酒店要尽量避免因宣传不当在公众中造成误解，影响酒店优势的发挥。例如，传播给公众的定位过低，不能显示自己的特色；或定位过高，不符合实际情况，误导顾客认为酒店只经营高档、高价产品；或是定位含混不清，无法在顾客中形成统一明确的认识。

(3) 审时度势，调整产品定位

顾客对于酒店及其产品的认识并非一成不变，产品的定位即使很恰当，在遇到下列情况时亦会发生偏差：

目标市场中的竞争对手推出新产品，定位于本酒店产品附近，侵占了本酒店产品的部分市场，致使本酒店产品的市场份额有所下降。

顾客的喜好发生了变化，使得对本酒店产品的偏爱转移到竞争对手的某些产品上去。

当遇到上述情况时，酒店应根据变化，采取具体的应对办法，对本酒店产品进行定位调整甚至重新定位。在作出定位调整或重新定位决策之前，酒店应考虑以下一些因素：

首先，酒店要准确计算好自己的产品定位从一个目标市场转移到另一个目标市场的全部费用。

其次，酒店将自己的产品定位在新的位置上时，能够得到怎样的回报。

收益的多少取决于目标市场的购买者和竞争者的数量，其平均购买率有多高，在目标市场中酒店产品的销售价格能定在什么水平上。

酒店应将收、支两方面的预测进行认真的逐一比较，权衡利弊得失，然后再决定是否将本酒店产品定位在新的位置上，避免仓促调整，造成得不偿失的局面。

第四节　产品定位的四大黄金价值

1. 名字：好名字是成功的一半

好名字是产品成功的一半。你只需看看酒店菜谱里起的“动听”的名字就知道了：白萝卜丝上放个鲜红辣椒是“踏雪寻梅”；鸡脚炖鹌鹑蛋称为“明月映翡翠”；香肠烧鸡块取名“玉树挂金钱”；把松花蛋、咸鸭蛋、茶鸡蛋等切合在一起叫做“丹凤朝阳”；将七片莲藕孔眼灌入江米蒸熟，再切五片胡萝卜刻成梅花形，便组成“梅花欢喜漫天雪”。

不仅如此，包括酒店的名字，也要起的好听些。像七天假日连锁酒店，一看名字，就很容易让人想起黄金周去旅行的时候，首选七天假日连锁酒店。

一个好的公司名字，不仅仅要朗朗上口，容易被消费者记住，最好还能够暗含公司的商业理念。许多时候，它是公司品牌的象征。甚至有人为了一个名字，付出了巨大的代价。阿里巴巴创始人马云的一个“疯狂举动”，花 3000 美元买一个公司名字，是否值得？答案是肯定的。

阿里巴巴的目标是要做一家全球化的公司，所以，名字也必须具有全球性。为了找到这么一个具有全球性的名字，阿里巴巴的十几位创始人可谓是绞尽脑汁，提出了如 bargain. com，ok. com，open. com 等一些名字，但感觉都不够理想。

阿里巴巴这个名字的出现非常偶然，而且，在决定用它之前，它已经被一位加拿大人注册了。不过，大家后来还是决定用这个名字，因为在美国，随便问一个路人他是否知道阿里巴巴，他都会给你“芝麻开门”的回答。显然，阿里巴巴是一个世界性的词语。而且，在传统故事里面，阿里巴巴意味着运气、财富和善良。善良的阿里喊了芝麻开门，发现财富后是分给大家的。这正符合阿里巴巴的商业理念。

最终，阿里巴巴这个域名被用 3000 美元从加拿大人手中买过来，成了中国的阿里巴巴。

对老板来说，花费巨大的财力物力去设计一个公司名字并不现实。而且，创业者无论在业务方向、经营理念还是企业文化上，通常都还处于摸索状态，也无法通过公司名字体现出这些要素。所以，老板给公司起名字，通常只需要考虑简洁、明了、朗朗上口就可以了。

一个酒店给人最外在的印象，首先是通过店名起作用，如果能用叫得响亮让人记得牢的名字，那么这家酒店已经打好营业的第一战了。那么，在给酒店取名的时候，应遵从哪些原则呢？

（1）字义要与经营业务相符合

店名应反映出酒店的业务，不能用服装类的店铺名为鞋类店铺的店名。如“呷哺”火锅店就是用吃火锅时从嘴里发出的“呷哺”声来命名，以拟声的方式命名不仅独特而且非常形象，让人一看就知道，这是一家提供火锅吃食的店铺。

（2）勿用生僻字

一般而言，有的店主会用一些不常用的汉字命名，以为这样能彰显学识品位，还能给顾客留下深刻印象。但用生僻字取名，顾客会因为不知道该店店名的正确读音，而对该店失去兴趣。如一家以“犇鱻羴”来命名的店铺，这三个字形象地表达出该店铺的经营范围且够独特、够生僻，但相信没有一个顾客会愿意回家查字典再看店名。

（3）应与众不同

酒店命名必须要能引起消费者的注意，达到吸引消费者的目的。在同行业中用一个店名取胜，其实也是提升销售的不二法门，为什么这么说呢？因为大多数顾客在购物时并没有特别的目的性，而往往是哪个店铺的名字比较对胃口，就会选择进哪家店，此时你若能把握时机，也就等于是促成了这笔买卖。所以说，店名应尽量取得不一般，新颖独特的最好，如狗不理、一口鲜等。

（4）以艺术命名

好的酒店名应该有一定的文化底蕴，能让人看见这个店名就认同店主的文化修养，这样顾客会觉得店主是有文化品位的，从而在内心里会觉得这家店让人安心、放心。如楼外楼、颐香居等。

没进过肯德基的人或许有，但没听过或没见过肯德基的人估计不多，街上随处可见的肯德基 LOGO 让人印象深刻，特别是时刻微笑、亲切随和的上校老人更是让人过目不忘。肯德基经历了半个世纪那么长时间还能经久不衰，这与管理者认同店铺 LOGO 视觉传达的重要性有很大的关系。

肯德基用色彩鲜明、构图简洁明了及贴近人心的设计一下抓住顾客的心，时时刻刻提醒顾客对该店铺 LOGO 的记忆，让顾客想用餐时能立刻喊出："去 KFC。""KFC"甚至一度曾成为百度热搜词，众多眼花缭乱的店铺 LOGO 中，唯独肯德基的标志特别容易让人一眼就分辨出，这完全取决于该 LOGO 设计的独特、有个性，这就是肯德基最值得商家借鉴之处。

2. 包装：重金打造门店

建立良好的酒店形象是一项长期的战略决策，是实现酒店品牌可持续发展的重要基础和保证。酒店一旦在公众中建立起良好的信誉和口碑，与顾客关系融洽，品牌的外在吸引力就会增强，品牌形象自然会不断上升，消费者对酒店品牌的忠诚度就会日趋强化。酒店效益也会伴随品牌形象的提升，不断得到提高。酒店有无良好的品牌形象，关系到酒店成败的关键，是每一个酒店经营者值得认真关注的问题。

那么，如何包装店铺的形象呢？

（1）酒店的形象是否与酒店的市场定位一致。如果是一家高档酒店，那么酒店的设计和装潢就一定要符合高档次的要求。

（2）酒店的形象是否能够给酒店的经营提供帮助。即酒店形象和店内装潢设计以及灯光的架设等是否能够给经营提供一定的帮助。不同的颜色会给顾客的心理带来不同的暗示，也会影响顾客的消费心理。

（3）酒店形象的设计与酒店的定位是否一致。即酒店想表达出的发展定位是什么。酒店的定位是让每个顾客从店中购买产品走出店面后都是个性时尚的，那么酒店的店面形象设计和装潢就要符合这个标准。

对于酒店来说，由于每天人来人往，因此很容易被弄脏，面对一个干净整洁的环境和肮脏邋遢的环境，人们会毫不犹豫地选择前者。那么，在对酒店环境的维护上，该怎么做呢？

随时随地注意酒店里的干净卫生，特别是地面以及一些死角的卫生更要注意。不能存有侥幸心理，以为顾客不会看见就不去理会，要知道顾客只要看见一眼那些角落里厚厚的灰尘，就足够把店员辛苦营造的店铺形象毁于一旦。此外，酒店门外的空地也应时常打扫，不能只着眼于店铺内的环境卫生。下面这些地方的卫生是我们必须时刻加以注意的：

（1）入口前的夹道。这是顾客最容易看到的场所，从这里到店内的地面之间灰尘明显比较多，所以每天都要对这里进行清扫。

（2）收款台以及备用商品。收款台以及备用商品是顾客经常会接触到的东西，因此不要弄得杂乱无章或者不干净。

（3）酒店内卫生间。对于卫生间的地面、墙壁、便器、盥洗池和镜子等，如出现弄脏的情况，应及时擦干净，手纸、香皂等用完时应及时补充，否则给顾客的好印象也会打折扣。

3. 卖点：独特的价值主张

产品的卖点不是因循守旧获得的，需要用新的思路、新的方法去解决问题。产品创意不仅仅是灵感一现、突发奇想，在进行产品创意活动时，有一些基本的方法和技巧可以运用。

第一种方法，逆向法。

逆向法思维是指与一般思维方向相反的思维方式，也称反向思维。简单地说，就是“从反面想”、“倒着想”或“换个角度想一想”。逆向法可以有效摆脱常规思维的羁绊，独辟蹊径，打破人们习以为常的观点。

成立于2000年的新加坡面包新语（breadtalk）在短短三年的时间内就发展成为一家上市公司，其连锁店遍布东南亚各国。面包新语的成功之处在于带给消费者不一样的感觉，常规的面包注重“健康”、“营养”、“新鲜”，而面包新语则针对年轻消费者喜欢新鲜刺激，不喜欢循规蹈矩的特点，将产品定位为“反传统、时尚、有趣”。

新颖的造型、不同的原材料搭配、奇特，例如：产品命名上，采用“上海侬好”、“虾米袋子”这些糅合各地方言，还有联系各种时事的“太空5号”、“大地震”等名字被安在了各种面包身上，也给年轻人耳目一新的感觉。

第二种方法，穷举法。

穷举法就是把各种可能性尽量罗列出来，然后进行筛选。穷举法常用于产品功能的丰富或产品线的拓展。

随着人们健康认识的增强，为了卫生，喝的放心，各家酒店纷纷选择自制豆浆，从而拉动酒店微电脑全自动豆浆机市场。经过几年的快速发展，酒店内部豆浆机已经不仅仅是制作豆浆这一单一功能了，还添加了如其他豆类、水果、蔬菜、米糊等，可以看出，豆浆机的功能拓展很自然地采用了穷举法。

第三种方法，蓝海创新法。

由 W. 钱·金（W. Chan Kim）和勒妮莫·博涅于 2005 年 2 月在二人合著的《蓝海战略》一书中提出，蓝海创新包括四个步骤：①剔除，即哪些被视为理所应当的元素应该被剔除；②减少，即哪些元素的含量应该被减少到产业标准以下；③增加，即哪些元素的含量应该被增加到产业标准以上；④创造，即哪些产业从来没有的元素需要创造。

经济型快捷酒店的概念产生于 20 世纪 80 年代的美国，2001 年由如家公司带入中国，近十年在中国得到迅速发展，成为一般商旅人士的首选酒店。经济型快捷酒店是在星级大酒店的基础上进行蓝海创新。

首先，剔除。只提供 B&B（住宿 + 早餐）服务，剔除了会议、娱乐、健身等服务项目，剔除了房间里的非必要设施。

其次，减少。降低了接待大厅、餐厅的空间。

再次，增加。增加了房间的清洁度和床的舒适度。

最后，创造。创造了网络订房、品牌连锁、品质一致、标志一致等内容。

4. 服务：卖产品不如卖服务

服务是产品的三倍价值，卖产品不如卖服务，而情感管理是最高境界的服务。那么，如何提高服务质量呢？

酒店的管理者往往忽略了来酒店的客人在想什么？客人来酒店消费，最需要购买的是什么？最希望享受到什么样的服务？客人对酒店的情感需求有哪些？

在酒店企业竞争十分激烈的今天，必须营造轻松、愉悦的氛围，塑造酒店精品意识，追求的服务必须是规范、个性、超值，甚至是令客人备受感动的服务，以满足多层次、多方面、多变化的服务要求。

酒店出售给客人的产品只有一个，那就是顾客满意，如何提供让顾客满意的服务呢？

（1）微笑、问候、礼貌

每一位客人在踏入酒店大门时，都希望见到服务员亲切的微笑，热情、真诚的问候，彬彬有礼的举止，这是酒店人员留给客人的第一印象，也是客人得到尊重的第一感受和情感需求。

（2）高效、规范、准确

无论前台登记入住，还是餐厅用餐、客房服务，过久地让客人等待，都会使酒店的服务大打折扣，甚至招致客人投诉。99%的客人都希望入住的酒店提供快捷、规范、精确的服务。

（3）尊敬、关心、体贴

日本的酒店服务业，把对宾客的尊敬、关爱、体贴放在了首位，并贯穿于整个服务之中。

见到客人亲切的问候，甜美的微笑、九十度的鞠躬、跪式服务、礼让服务等，处处体现出把宾客当成上帝、亲朋来予以尊敬、关心、体贴。在这一点，国内酒店可以向日本酒店学习。

尊重、关心、体贴是酒店留住老顾客，吸引新顾客，提高服务质量，与客人建立朋友、亲人般关系的基础，是服务行业经营管理的生命，

（4）诚实、守信、忠诚

酒店的工作人员不但要尊重、关心客人，还要忠诚于酒店，忠诚于自己从事的服务事业，更要忠诚于宾客，要诚实可靠，守时履约，诚信待客。

（5）安全、舒适、方便

宾客对酒店的最高需要可以说就是对安全的需要。客人需要酒店必须有一个良好安全的环境，包括人身和财产安全，设备设施的使用安全，食品卫生安全，电话网络的安全，都必须得到保障。没有安全感的酒店，即使再豪华的摆设、再

优惠的价格、再优良的服务，也不会有顾客光临下榻。

（6）特色、文化、创新

顾客对酒店更高层次的需求是希望酒店有特色、有文化，经营服务有创新。比如成都的西藏饭店，中外宾客入住后都给予了高度评价。原因在于酒店从外观造型到内部装饰，都突出体现了西洋文化与藏式文化，现代文明与古老文明的有机结合。

（7）绿色、环保、洁净

绿色、环保、洁净是顾客对任何一家宾馆、酒店提出的基本情感要求。如果酒店连这点需求都不能满足客人，培养忠诚顾客，只能是一句空话。

（8）交通、购物、旅游

客人都希望自己下榻的酒店地理区位优越、交通便捷、周边环境优美、治安状况良好、紧邻城市繁华商业街区。无论出游、购物、观光、就医、探亲访友等都十分方便。

第五节　产品定位的三大战略

1. 差异化战略——“个性化”

差异化策略就是把相同的产品卖得不同。“如果一个企业能够提供给顾客某种具有独特性的东西，那么它就具有了有别于其他竞争对手的经营歧异性。”迈克尔·波特如是说。

假设一家酒店作了详细而有效的市场调查后，将一个同质的市场需求划分为具有差异性的顾客群体。酒店根据自身的实力和目标判断，选择进入一个或者几个子市场，并且在目标市场上为产品和具体的市场营销组合确定一个富有竞争优势的地位，这就是差异化策略。

差异化战略为酒店提供了差异化的产品和服务，满足了顾客特殊的需求，形成了酒店的竞争优势，主要表现在以下几个方面：

（1）产品或者服务的特殊性，提高了某一细分市场顾客的忠实程度，从而使该产品和服务具有很强的进入障碍。潜在的竞争者要想进入这一细分市场，必须克服这种产品的独特性带来的障碍。

（2）由于顾客对酒店提供的独特产品或服务具有某种程度的忠实性，当这种产品价值发生变化时，顾客对价格的敏感程度因为营销提供物的独特性而降低，从而使企业在同行业的竞争中形成一个隔离地带，减少了被竞争者侵害的可能，并且削弱了购买者讨价还价的能力。

（3）由于产品的差异化，可以为酒店产生较高的边际收益，从而增强了酒店应对供应者讨价还价的能力。

（4）由于酒店的产品与服务具有某种特殊性，便可以使酒店依赖顾客的信任在与替代品的较量中，比同类企业处于更为有利的地位。

2. 低成本战略——“降本增效”

选择低成本，更要“降本增效”。提高质量，是增强酒店企业综合实力的必然要求。成本是撒手锏，是酒店经营永恒的追求。

面对日益激烈的市场竞争，酒店在财务管理特别是成本控制管理上应拿出应对策略，以降低经营成本。

就成本控制而言，饭店的成本构成可划分为人工成本、低值易耗品与洗涤成本、餐饮成本、商品成本、能源成本、投资成本、管理中办公经费等其他费用。

成本领先战略在不同酒店和同一酒店的不同发展阶段，所追求的目标不同，其目标是多层次的。酒店应当根据自身的具体情况，整体筹划，循序渐进，最终实现最高目标。

（1）最低要求是降低成本

以最低的成本实现经营目标是每个酒店都应当追求的，但成本又是经济活动的制约因素，降低成本意味着对酒店中每一个人都有成本约束。因此，实施成本控制、加强成本管理，在酒店管理中是一个永恒的话题。

（2）高级形式是改变成本发生的基础条件

成本发生的基础条件是酒店可利用的经济资源的性质及其相互之间的联系方

式，包括劳动资料的技术性能、劳动对象的质量标准、劳动者的素质和技能、酒店的管理制度和企业文化、企业外部协作关系等各个方面。

在特定的条件下，生产单位产品的劳动消耗和物料消耗有一个最低标准，当实际消耗等于或接近这个标准时，再要降低成本只有改变成本发生的基础条件，可通过采用新设备、新工艺、新设计、新材料等，使影响成本的结构性因素得到改善，为成本的进一步降低提供新的平台，使原来难以降低的成本在新的平台上进一步降低，这是降低成本的高级形式。

（3）最低目标是增加企业利润

其他条件不变，降低成本可以增加利润，这是降低成本的直接目的。在经济资源相对短缺时，降低单位产品消耗，以相同的资源可以生产更多的产品、可以实现更多的经济目标，从而使企业获得更多的利润。但成本的变动往往与各方面的因素相关联，若成本降低导致质量下降、价格降低、销量减少，则反而会减少企业的利润。

（4）最终目标是使企业保持竞争优势

酒店要保持市场竞争优势，成本领先战略是其中的重要组成部分，成本管理要围绕酒店为取得和保持竞争优势所选择的战略而进行，要适应酒店实施各种战略对成本及成本管理的需要，在酒店战略许可的范围内，在实施酒店战略的过程中引导企业走向成本最低化，这是成本领先战略的最终目标，也是成本领先战略的最高境界。

3. 区域领先战略——“地头蛇”

如果一个行业市场份额分布情况达到15%的市场占有率，应该是该市场的领先品牌。区域性酒店应首先在自己的处女地上达到这一份额指标。如果同业竞争激烈，酒店可就近选择空白点多的区域完成自己的根据地建设。

不同区域经济发展水平的差异，影响着市场机制对区域经济发展的作用程度，也影响着区域市场的发育、发展，从而决定着不同区域的经济发展速度和水平。

区域优先是“有计划的市场推广”，因为区域市场是一个相对概念，酒店在市场推广过程中处理好局部与整体的关系是很重要的。

“有计划”是指酒店在自身实力、知名度有限的情况下，使其酒店投入资源高度集约化，成为一个统一的作战团队，以发挥最大杀伤力；同时亦显示出酒店区域市场开拓的计划性。如先易后难，先重点后一般；先集中优势兵力强攻易进入的市场，夺取局部胜利，然后逐步扩大市场根据地等。

在市场上，强大对手与弱小对手双方都没有绝对的主动权，双方的优势与劣势都是相对的，往往是一方强中有弱，一方弱中有强，因而争夺主动权的争斗便更加激烈。强大对手欲通过速战速决，取得绝对的主动权；弱小对手则一般通过持久作战，以争取局部主动，并由局部主动的积累转弱为强，赢得绝对主动权。

在有强大对手存在的情况下，中小型的酒店并不是无能为力和无所作为的。尺有所短，寸有所长。大酒店强中有弱，优中有劣；中小酒店弱中有强，劣中有优。只要善于发现大酒店的劣势，发挥中小酒店的强势，发挥主观能动作用，同样可以获得主动地位。

我们都知道，太极拳技击有一个原则：“彼不动，己不动，彼微动，己先行。”把拳理的玄妙应用在酒店行业中，可以转换为，推测流行趋势，率先出击，就会掌握主动权，从而在竞争中占据有利的位置。

开拓一个新的区域市场是很不容易的，市场竞争中，被动与主动是相对的，在一定条件下，是可以转化的，关键就看管理者是否能为其转化创造条件。很多著名品牌的建立都是先占据一个领域，像星巴克，在一个新的品种领域占据第一的位置，然后再发展壮大成为领导品牌。

第三章　人才战略：酒店赢利的核动力

第一节　酒店人才荒的缘由

1. 酒店人员职业的特殊性

员工流失一直是困扰酒店行业的难题。随着知识经济时代的到来以及人们生活节奏的加快，员工流失正变得越来越频繁。酒店业员工流失的原因分析如下。

首先，酒店业属服务性行业，在中国传统观念的影响下，全社会对酒店人职业的理解存在偏见，从事酒店行业常被认为是“伺候人”的工作，被人瞧不起，做酒店缺乏荣誉感。在城市居民普遍为独生子女的背景下，这种职业偏见的影响日益加重，众多年轻人也不看好酒店行业，大学生更是如此，就算是勉强进入了酒店行业，许多人也是“身在曹营心在汉”，不能潜心做酒店，当时机成熟，这些酒店人才就毫不犹豫地辞职，进入其他公司或企业。以我酒店为例，大约50%的离职员工选择加入其他行业。

其次，酒店的职业特点决定了其工作的强度更高，工作没有常规性，非常辛苦，一线员工都要实行三班制，即使是管理人员也没有正常的休息时间，一切都必须以顾客为中心。许多高素质的酒店人才不堪重负，最终离开酒店行业。

最后，目前社会上的就业面更为广泛，对于具有众多技能的高素质的酒店人才完全可以在其他领域发挥自己的才能，越来越少的人愿意留在酒店行业，他们会选择一些工作时间相对有规律、劳动强度相对适中的企业就职，这也促使大量的酒店高素质人才外流。

2. 薪酬体系不尽合理

首先，当前酒店行业的薪酬相对较低。经过与其他行业的薪酬变化情况进行比较分析，得出：20 世纪 80 年代中期，一位酒店基层主管人员的月薪约为 2000 元，而现在，此职位工资水平大约在 2000～3000 元，国际品牌酒店略高，而其他行业在 20 世纪 80 年代中期的工资水平均明显低于酒店行业，但目前收入水平均已超过酒店业。酒店业薪酬水平的基本停滞不前，势必影响酒店业对高素质人才的吸引力。薪酬水平的相对偏低是高素质酒店人才大量流失到业外的直接原因。以我酒店为例，几乎所有的离职员工都抱怨工资低。

其次，数量型的用人体制，制约着高素质酒店人才的产生与培养。目前多数国内酒店对客服务过程中为保证服务质量，只从数量上考虑，以数量取胜。这种在用人上的配置模式使得酒店人才水平每况愈下，普遍情况是多数人都拿低工资，酒店在人力开发上着力于数量而非质量，造成人力成本总量扩大，薪酬水平始终徘徊在 20 年前的水平，最终造成人才外流。

最后，薪酬体系、分配结构的不合理造成酒店从业人员职业化进程缓慢，人员的工资水平始终与职位相连接，这种薪酬体系的不灵活性导致高素质酒店人才必须升职才能升薪；酒店服务并不考虑技能熟练程度或者素质提高等因素，这也降低了员工工作的积极性，无法培养出更多的优秀人才。

3. 人才流失的三大“刽子手”

目前，酒店数量在激增，人才缺口不断扩大。于是，外表光鲜亮丽的酒店业背后暗藏着人才危机。“用工荒”的确是酒店业一个不争的事实。频繁的人员流动，一时难以补齐的人员空缺，对酒店造成了不小的损失。酒店人才流失的原因主要有三点：

（1）薪资福利低

薪资福利低一直是酒店业的一大诟病，随着近年物价飞涨，生活成本急剧增加，原本微薄的收入越发捉襟见肘。酒店从业人员对薪资状况非常不满意，对酒店的忠诚度不高，随时可能跳离目前工作的酒店，甚至从此与酒店行业分道扬镳。这也就客观地造成了酒店人才流失率居高不下。

（2）恶性人才竞争

当下，国内酒店数量以锐不可当之势不断增长。试问：这些新开业的酒店所需的人才从何而来，难道会随着酒店的开业从天而降？答案不言而喻。于是，挖人成了酒店行业一股暗流，这在很大程度上影响了酒店的稳定性，对酒店行业健康有序发展百害无一利。原本供不应求的酒店人才，现在变得“一将难求”。舍不得孩子套不着狼，如果酒店方还没有培养人才的意识，那么，请做好随时准备卷入这场永无休止的恶性人才争夺战吧。

（3）对酒店新人缺乏正确引导

如今，酒店人才结构已不同往日，“80 后”、“90 后”成了酒店的中流砥柱。酒店管理专业的毕业生是酒店人才的一大出口，初生牛犊大多充满雄心壮志，却未意识到现实工作的残酷，期望中的工作与现实的落差让很多毕业生对酒店行业望而却步。这时，酒店新人需要特别对待、耐心引导，适当地开展人生职业规划方面的培训，树立正确的人生价值观，构筑一个明亮的未来，重燃酒店业新希望。

那么，酒店人才出口究竟在何方？归根结底，培训出人才。对酒店行业而言，优质、专业的培训不仅可以降低人员流失率，而且还可以为酒店业输送大量新鲜血液。

第二节　人才如何选

1. 网人的四大渠道

某酒店人力资源部李经理，一直为一件事情困惑不已，就是每次都从人才市场失望而归，一方面是酒店急需人选，另一方面是李经理每次去人才市场都无功而返。这种尴尬的困境，想必很多人力资源主管都不陌生，因为在酒店的招聘中，发生这种情形的频率太高了。这样的不足很明显：一方面严重地影响了酒店的招聘效率和招聘质量，另一方面加大了酒店招聘的隐性成本和显性成本。

那么，酒店应该如何解决这个问题呢？

从源头上找原因，解决方案的关键在于招聘渠道的精选上面。“对症下药”的做法就是，酒店在布局招聘流程时，首先想到“我需要什么样的人”，其次“怎样去找到这样的人”。

做好招聘渠道与招聘岗位特性的结合。第一，要明确岗位的特性，明白“我需要什么样的人”，熟知“这些人”的岗位层次、岗位重要程度、所属类别、招募的紧急程度、薪酬区间、市场供求状况、活动频繁区域等。第二，分析各招聘渠道的优点和缺点，只有对此了然于胸，才能做到科学选择。第三，就是做好结合工作，这是非常主观的。

“千军易得，一将难求”，要获得适合企业的优秀人才谈何容易？作为企业的管理者，管人的第一步就是网罗到自己需要的合适人才。那么企业到底应该怎样才能找到自己需要的人才呢？

总体而言，企业网罗人才的渠道大致可以分为四类：天网、地网、人网、神网。

（1）管理者的六张“天网”如表3－1所示。

表3－1　　管理者的六张“天网”

种类	适合招聘范围	优点	缺点
报纸广告	几乎所有岗位	发行量大，成本相对较低	HR人力、物力大；信息真实性难辨别
杂志广告	高级和特殊领域专家	招聘特定人员比报纸广告更有针对性	杂志周期长；急需人才时不能及时发布信息
网络广告	几乎所有岗位	成本低；不受时空限制；信息量大	需对大量简历进行筛选，费时费力
电视招聘	高层次的人才	在黄金时段有利于宣传企业形象，能够筛选到优秀的人才	招聘成本高；招聘效果受收视率的影响

续　表

种类	适合招聘范围	优点	缺点
电台广告	中低级	提供信息，相关性高；开播与劳动和职业相关的节目	受收听率的影响；通过声音，受众有限
“另类”广告	年轻员工	新奇、独特的，在轻松的状态下接收招聘信息	传播范围有限，形式不正式

（2）人才招聘的两大地网。

首先是人才招聘会，包括综合招聘会和专场招聘会。企业根据不同的需要来选择。

招聘会上，往往各家招聘海报的格式几乎都一样，而且各个招聘职位的排版也几乎没有什么差异。这说明，从某种程度上，酒店人力资源管理者对招聘信息发布工作没有给予应有的重视。

那么酒店应该怎样重视信息发布工作呢？

具体来讲，酒店在信息发布方面要做好两点工作：

第一，明确招聘重点。在将招聘信息对外发布时，酒店需要根据不同职位人员需求的轻重缓急来确定每次招聘活动的重点，从而为招聘活动确定一个核心。

第二，重点职位要突出显示。一般来讲，酒店发布招聘信息的目的就是吸引求职者眼球，为了吸引求职者眼球，就要突出显示。酒店在确定了招聘的重点和核心职位后，就需要在排版上对这些职位信息进行突出显示，如放大职位需求信息、加“急聘”二字等，目的是为了能够达到突出、个性、差异的效果。

其次是参加校园招聘会。中小企业校园招聘工作流程：明确企业自身优势；制定适宜的招聘策略；组织有效的宣讲会；甄选适合企业的人才。

（3）人网，包括猎头公司与内部推荐如表3－2所示。

表 3－2　管理者的人网

渠道种类	优点	缺点	适用情况
猎头公司	针对性强，招聘成功率较高，上岗效果也比较好；另外一些规范化的交流中心还能提供后续服务，使企业比较放心	费用昂贵，招聘时间长；须与各方反复沟通、洽谈	适用与中高层职位人员，极其重要的主管和技术性职位
内部推荐	节省成本；招聘成功率高，招聘费用低；对企业文化的认同；有利于调动企业内部员工的积极性	较难客观评价和择优录用，容易形成小团队和裙带关系	适用与招聘各类人员（专业）

（4）“神网”，是企业网罗人才的第四个重要渠道。利用品牌、信仰、使命、观念愿景、价值观等文化层面的东西吸引人才“走进来”。

每个企业都有自己的信仰、使命、价值观和愿景等，如果候选人在这方面非常认同企业，那么企业就对他们具有了很大的吸引力。

在如今的企业人才争夺战中，真正起关键作用的是文化。尤其对于知识型员工来说，物质不再是非常重要的东西。

2. 摆正位置，尊重人才

对人才的尊重，要体现在细节上面。比如，有人去酒店面试，等敲开了面试单位的大门，恐怕有一件事情是避免不了的。在面见负责人或者考官前，需要等待。谁愿意等待？当然，谁也不愿意等待，这就需要招聘单位在等待地点上花费一番工夫。

在等待地点的选择上，有的酒店可能会安排在前台，有的酒店可能会安排在部门会议室，有的可能安排在培训室，不管选择哪里，酒店始终要把握两个原则：

第一，不能将等待地点安排在人员来往较为频繁之处，如前台就不是一个合适之处。

第二，要能够彰显出酒店“尊重人才”的氛围，地点的选择直接影射着酒店的用人理念，如果酒店要营造一种“尊重人才”的氛围，就需在地点上进行慎重选择。

在等待地点的设置上，更要注意细节。其实任何人员（包括去面试的人员）都可能是酒店的“服务对象”，合理设置等待地点，不仅有利于提升酒店的服务形象、对外传播企业文化，而且有利于增强酒店的人才吸引力，可以有效缓解面试者焦灼等待的情绪。

在面试上，也有很深的学问。

（1）为什么要面试：我们是卖方还是买方

为什么要面试？这个问题看起来很愚蠢，至少是很幼稚。首先考虑的是怎样才能把职位卖给愿意购买的人—— 求职者；其次才是考虑哪一个购买者最合适；最后，我们不要忘了，我们选人不是“等额选举”，而是“差额选举”。

面对不同的应聘者必须采取不同的方法，大致有三种情况：运用相应技巧；调整薪酬、重新组合职位、调整招聘方向等方式；重建招聘需求，从而尽可能改变招聘过程中用人单位的弱势地位。

（2）招聘要的是什么，面试看什么

招聘时，我们要的是什么？例如：我们在面试时要了解对方的优缺点、背景，等等。

面试看什么？面试过程包括两个要点：一是把握职位需求的要点，也就是对应聘者进行判断的标准；二是根据标准判断其具备哪些特点，这些特点运用什么方法进行判断。这两个特点是招聘成功的核心。

面试主要看对方是否具备发挥这些能力的可能性；而代表了能力与应用能力的可能性的外在体现，就是学历、经验、背景、业绩、年龄、性别、思路等。

3. 面试的过程

作为面试官，我们其实都是戴着眼镜的，只不过和通常的眼镜不一样的是，这副眼镜有刻度，有标准。

在面试过程中我们看应聘者的眼光，包含以下两项原则：

原则一：面试官对应聘者的判断来自职位。

通常面试解释后，面试者都会给应聘者一个机会提问，而应聘者为了表示诚意也会向面试官问这样一个问题：

“您觉得我今天表现怎样?”

“您能给我一些建议吗?”

……

首先从面试官的角度来讲，面对不同的应聘者，他所应聘的不同职位，不同的面试官的判断标准是不一样的。其次面试官的水平不一，会影响判断的客观性。

原则二：尊重应聘者，不要忘记自己的职责。

首先，面试官虽然掌握“生杀大权”，但并不代表比应聘者高明；其次，对应聘者的判断是来自职位的要求，是基于某种特定标准下的判断。

所以面试官在面试过程中一定要尊重应聘者。比如，初次见到面试者，寒暄显得尤为重要。

寒暄，是人际交往的基本礼仪，尤其是初次见面时，两个陌生人之间，真挚的寒暄不仅有利于缓解由彼此“陌生”所带来的心理压力，还可以营造一种轻松的沟通氛围。那么将这个观点运用到酒店招聘中，则是要求招聘方在面试发问前也要来点铺垫，通过真挚的寒暄来缩减彼此之间的心理距离。

我曾见证过这样一个面试：等我刚在座位上坐稳，准备迎接扑面而来的“审问”时，对方却提了一些“搭什么车过来的？转车没有？路途辛苦了！”等话题，朋友式的开场白很快就拉近我们之间的心理“距离”，结果整场面试在愉快、轻松、开诚布公的氛围中度过。

其实，酒店若是想在面试中获取应聘者大量潜在的信息，一定要在发问前来点“寒暄”，如谈天气怎么样，近来比较热门的话题等，一方面通过寒暄的实施来凸显酒店对应聘者的关爱和重视，营造一种轻松的沟通氛围；另一方面也有利于实现酒店与应聘者由“对弈共同体”向“合作共同体”的转变，达到开诚布公、知己知彼的沟通境界。

德国有句谚语：“没有愚蠢的问题，只有愚蠢的回答。”要用正确的方法去提问，不要寄希望于正确的答案。

因为面试官也是人，无法保持一致客观尺度，所以，作为面试官，一定要注意自己的形象和素养，在以下三个方面必须注意：

（1）尽量防止个人偏好的影响。

（2）防止个人情绪的影响。

（3）不断总结经验，丰富人生阅历。

面试环节需要解决的主要问题和核心问题就是最大化地获取应聘者的潜在信息，从而确保后续录用决策的准确性和科学性。那么怎样才能最大化地获取应聘者潜在的信息呢?

答案集中在两大方面：一察言，二观色。

所谓的"察言"，就是酒店方期望通过应聘者讲述过去发生的事件来了解其所具备的能力。

在"察言"中，需要把握两方面的问题：

（1）要注意应聘者的讲述方式。有的应聘者可能倒着讲述工作经历，有的应聘者可能顺着讲述工作经历，不管采取何种方式讲述，酒店需要注意的就是讲述方式的连贯性，是否具体、有核心，如果应聘者一会儿倒着讲述，一会儿又顺着讲述，给人一种很游离和空泛的感觉，那酒店就应该重点关注了。

（2）要注意应聘者的语气。语气其实就是心理活动的反映，在关注应聘者语气方面，酒店需要关注应聘者讲述的语速，如是否有轻重缓急之处、是否有结巴之处、是否给人一种自信和铿锵有力的感觉。

不仅"察言"，还需要"观色"。具体来说，"观色"要做好两点工作：

（1）观面部表情，如脸色和眼神是怎样的。

（2）观姿态，如坐姿是否有变化、讲述时的手势是怎样的。

总之，"察言"在于检验应聘者讲述信息的真实性，"观色"则在于获取应聘者潜在的信息。当然，在做这方面工作时，面试官还不要忽视记录工作。

4. 招聘评估要及时

招聘最后一个环节是招聘评估——一个很容易被遗忘的环节，因为就通常情况来讲，酒店对招聘关注更多的是原定的招聘目标是否完成，这其实就是一种结果导向式的评估。

但绩效管理不仅需要评估结果，也需要评估过程，所以，酒店的招聘评估工作聚焦点在已发生的招聘活动的过程和招聘结果两大方面。

在过程评估方面，酒店要关注是否有突发事件、突发事件是否得到了合理解决、计划与实际是否有差异之处、是否存在明显的纰漏之处等几大指标。在招聘结果方面，酒店主要是锁定三大关键指标，包括成本核算、实际到位人数、应聘总数。

与此同时，开展招聘评估工作，还需要把握及时。通常，在完成每个项目或阶段性的招聘活动后的一个月内，酒店就需要开展招聘评估，因为一旦绩效评估与招聘活动的间隔时间过长，绩效评估的激励力度就会呈现出递减之势，所以招聘评估的及时性工作也是整个招聘流程需要把握的一个重点。

总之，从发现人才、招纳人才，到用心培养人才，人才理想的职业发展三个阶段是：

（1）20~25岁，水涨船高的阶段，最为重要的专业化能力；

（2）26~30岁，从被管理变成管理阶段，开始领悟学高为师；

（3）31~35岁，要考虑能否独当一面，拿捏进退。

这就是人才培养“进化论”。

第三节　善用竞赛，精兵强将

1. 培养帅才三式

战国时期，中山国的国君姬窟昏庸无道，残害百姓，百姓怨声载道。应中山国百姓要求，魏文侯决定出兵讨伐，为此想物色一个智勇双全的大将。

谋士翟璜推荐乐羊子，可有人反对，理由是乐羊子的儿子乐舒正在中山国为官，让他带兵出战令人放心不下。谋士翟璜力排众议，魏文侯赞许。

魏文侯问乐羊子："我有心让你去讨伐中山国，可是你儿子在那边为官，此事如何是好?"乐羊慨然回答："大丈夫为国立功，怎能徇私废公，我若攻不下，情愿受罚。"公元前408年魏文侯拜乐羊为大将，西门豹为先锋，率领五万人马进兵中山国。不久围困都城。

中山国大夫孙焦对国君姬窟说："乐羊是乐舒的父亲，不如令乐舒劝其退兵。"于是乐舒劝降，乐羊心疼儿子，绝不会急于攻城。基于此想法，企图借城防坚守，一月期限一到，又派乐舒求情，如是三次，三个月的时间已过。

消息传到魏国，文武百官议论纷纷怨声不止，多次建议魏文侯撤换乐羊。魏文侯对此置之不理而且连续不断派人劳军，并且带信说，我正在京城为你建造住宅，等待你得胜还朝。乐羊非常感动，但仍按兵不动。

连西门豹都着急了，乐羊解释说："你也知道我们是姬窟因为暴虐无仁才来讨伐，如果我们急于攻杀，百姓肯定认为我们也一样凶暴。我三番两次宽限时日，并不是保全父子情义，而是让他们再三失信，借以瓦解其军心，收复中山民心。"西门豹听后，非常钦佩。

又过一月，下令攻城。姬窟见守城无望，自杀身亡。公孙焦见大势已去，只好献城投降。乐羊派西门豹留守，自己回朝复命。

魏文侯大摆宴席，为他庆功，宴毕，赏给他一只密封的木箱，乐羊回家让家人一看，不是珠宝，全是他率兵攻打中山时大臣弹劾他的奏折。乐羊一边看，一边落泪，感慨万分。第二天乐羊上朝谢恩。魏文侯大加封赏。乐羊再三推辞说："破中山全是大王的英明，我有多少功?"文侯说："将心比心，除了我没人信任你，可是除了你，没有人这样帮我，你为国效力，怎能不赏。"

这个故事给我们的启示是：用人是个大学问。当你的部下成功的时候，才是企业真正辉煌的时候，才是领导真正成功的时候。

对此，柳传志认为，选人要注意看"后脑勺"。"后脑勺"的意思就是看这个人不面对你的时候，如何对待工作、如何对待同事、如何应对市场挑战。"后脑勺"意识，要求用人不要仅看表面工作，尤其要避免两面派。

柳传志在人才选拔上，总结出了三种方法。

（1）扎鞋垫法：培养战略型人才如同培养优秀裁缝师，不能一开始就让他给上等毛料做西服，而应让其从缝鞋垫做起。

（2）赛马法：只有赛马才能发现千里马，折腾是检验人才的唯一标准。

（3）索骥法：索“善于总结和学习、德才兼备”之骥。

2. 带着“麻将精神”去工作

仔细想一想，其实打麻将包含了所有企业成功的精髓。任何工作都不是一个人单打独斗，要的是集体配合。比如，你坐在我对面，你洗牌时，牌掉在我脚下，谁捡？当然是我捡！因为早捡起来，早开局；早开局，我好早点赢钱。所以打麻将，不管谁掉了牌，都会有人尽快捡起来。但在工作中呢，你做错了，凭什么我来帮你？你弄掉了，肯定你捡，跟我有什么关系？

打麻将的人从来不迟到，说好晚8点，可是刚到7点，三个人就先到了。剩那个人在路上，这三个人电话一顿催，快点来，三缺一！那个人敢说：急什么，不是8点吗？结果，平常舍不得打车，马上打个车跑来了，一看表才7点半。第一句话肯定是：“不好意思，迟到了。”为什么说迟到了？因为别人都比他早到。

另外，说好了12点收局，没到12点前，一定有人举手要求“加班”。实在不好意思，今晚输多了，再打一圈吧？打一圈就打一圈，你赢了别人输了，不打不好意思。所以打麻将通宵达旦是常事。而且，第二天很少有人抱怨自己又加了一个夜班。

打麻将的人从来不会抱怨工作环境。可是我们现在对生活和工作环境多么挑剔，什么宿舍空调太吵，洗碗时油太多呀，上班好累呀……你有没有见过打麻将的说，房子吊顶太矮，空调不够冷，桌子太脏的？打麻将冬天捂着被打，夏天光膀子打；没桌子把纸箱子倒放，放上板子就是麻将桌，洗脸盆垫上报纸就是凳子，麻将打得照样热火朝天。来一个兄弟说要请下馆子，四个人忙说改天改天。可是我们工作上能做到吗？做不到，但我们打麻将做到了。

还有一个神奇的地方，打麻将用手就能摸得出来是什么牌。九万与七万，六条和九条，多小的差别呀，居然能摸出来！为什么？因为打麻将的人用心了，用心的人学东西都能学进去，大不了慢一点，迟早会学会。想想看，如果我们用一半的心感受工作会怎么样？

打麻将的人永远不抱怨别人，只从自己身上找原因。输了钱的只会说："我好背。"上洗手间拼命洗手，回来后，在点儿好的人身上摸一把，再用别人的打火机点上一支烟，狠狠抽一口，但永远不会抱怨别人。

3. 建立核心人才培育机制

人才是企业巨大的财富，是企业的核心竞争力与资本。尤其对于酒店来说，人才素质的高低决定酒店是否基业常青，决定酒店能否成为百年老店。稳定、培育核心人才是公司的核心战略任务，需长抓不懈。曾任 IBM 总裁的郭仕纳说过："21 世纪获得成功的企业，将会是那些尽力开发、培育核心人才的组织。"

核心人才一般都是在酒店里掌握着核心业务、处在关键岗位上、控制着企业关键资源、具有"无法替代"的技能或专长、对酒店业绩提升和长远发展产生较大影响力的员工。可以说，核心人才是企业永续经营的基础、持续发展的引擎。

关于核心人才的评价标准，著名的企业家杰克·韦尔奇这样认为："在 GE（通用），核心人才必须拥有 4E + 1P。""4E"、"1P" 是指：

（1）正能量（Positive Energy）。拥有正心、正念和正行，工作乐观、积极、上进、能带给他人更多正面激励，每天从早到晚工作都精神饱满，神清气足。

（2）鼓舞他人（Energize Others）。能够以自身百倍的状态激励他人，鼓励团队士气，保持高昂斗志。

（3）当机立断（Edge）。能从复杂的环境和纷繁的信息中明确作出判断，当机立断，迅速有效决策，解决问题迅速有力，工作效率高。

（4）执行力（Execute）。能保质保量完成工作任务，并准时完成，工作中能主动承担责任，不推责，能克服阻力，直指目标，工作结果常超出内外部客户的期望。

（5）热情（Passion）。内心充满热诚，待人接物热情，热爱工作、热爱岗位、热爱团队集体，对工作总兴趣盎然，充满活力和激情。

酒店要想培养核心人才，必须建立适合自己的人才培育机制。核心人才培养不是一朝一夕就能完成的，而是一项长期、系统的工程，需要酒店用一套完善的机制来保证。在通常情况下，核心人才培养需要注意以下四点：

（1）多元培育。在培育核心人才时，酒店必须注重人才才华的专业性和能力综合性，多元化培育方式能提高核心人才的综合能力。多元培育的方式有多种，包括内部导师制、内部岗位轮换、内部技能比武及出国深造、高校进修、短期封闭训练等，各家酒店要根据自己的情况来筹划，选择适合自己的人才培养机制。

（2）完善计划。根据酒店的经营所需，对核心人才进行培育时，要制订详细的培育计划，以列明培育的重点、方向、内容、对象、培育方式、激励方式、效果评估，确保核心人才的培养有章可循、有法可依。

（3）资源投入。核心人才培养是酒店投资回报率最高的项目，需要酒店持续投入。因此，有必要建立相关制度保障机制，确保资源投入持续性。避免虎头蛇尾，雷声大，雨点小。

（4）体系保障。要使酒店核心人才能力不断提升，人才队伍保持梯级发展，必须建立培养体系。要建立四大机制，包括核心人才评价机制、培养机制、激励机制、使用机制。在酒店内部，形成核心人才你追我赶，百花齐放，互帮互学互励的良好循环局面。

4. 人才培育的三个步骤

酒店核心人才培养，离不开丰富的培养方法和手段，确保培养出人才、出成果、出经验、出手册。要做好核心人才培养，包括三个步骤：

第一步：明目标。

要想把核心人才的培养工作落到实处，就必须在酒店内部构建明确的培养目标，使人才培养有方向、有重点、有规划。汉庭连锁酒店创始人季琦非常认同这个观点：领导力学习需要做好五点：精湛的业务能力；善于带动部属和员工；为人正派、言行一致；注重公司长远利益和结果；热爱学习并在工作中常有创新。这就是汉庭酒店领导人的培训目标，非常明确，有具体的标准，使得在培训计划的实施时，能有的放矢，一切围绕目标建立培养计划。

第二步：多方式。

核心人才的培养一定是多角度、多元化的。核心人才的培育的特殊性，不同于新员工进到酒店时的入模子培训，培养的手段是多种多样的，既有个性化的培养方式，也有多元化的培养方式，要相互结合。

（1）个性化培养。核心人才与普通员工培养的主要区别在于个性化和多元化。个性化培养针对个别核心人才的特征、能力、岗位，采用个性化的方式、建立个人职业发展规划。酒店在工作中形成了绝技＋荣誉、导师＋徒弟、项目＋人才的“捆绑式”培养模式，通过技术比武、岗位练兵、导师带徒等各项活动有机结合，形成了“技能优先、发展优先”的良好氛围，培养核心人才。

（2）多元化培养。核心人才培养多元模式，像岗位轮换、导师制、阶梯式、开放式等培养方法，不断提高核心人才的素质。比如汉庭酒店对部门经理人的培育，采取了四种方式：

第一，“缝鞋垫”与“做西装”。培养一个核心人才如同培养一个好裁缝，不能一开始就给他一块上等毛料做西服，而是应该让他从缝鞋垫做起。鞋垫做好了再做短裤，然后再做长裤、衬衣，最后才是做西装。不能揠苗助长，操之过急。在汉庭，很多中层管理岗位都先后变动过数次，每个岗位都有不同类型的业务内容。

第二，从赛马中识别好马。在汉庭看来，最好的认识人才、培养人才的方法就是让人才做事。在工作中能达成目标、管好团队、有韧性的管理者，就容易脱颖而出，并得到提拔。

第三，训练搭班子、协调作战的能力。领导班子是酒店的核心堡垒，在汉庭非常强调年轻人训练搭班子、协调作战的能力。

第四，激励与“鸦片”。每一个管理者都不会否定物质是人才激励的内容之一，但它不是激励的全部，唯有金钱的激励最终一定是鸦片。不仅要注重物质激励，还要注重精神激励，使两者达到平衡与统一，尤其注重核心人才事业、理想和目标的培养。

第三步：重激励。

核心人才的培养，目的是为了能持续为酒店服务，为酒店创造核心价值。所以酒店必须要系统构建核心人才激励体系，以最大限度地留住核心人才。普通人才采用普通的激励方式，核心人才必须采用非常规的激励手段。对于核心人才的激励，包括事业激励、名誉激励、股权激励等方式。同时，酒店在加大对核心人才的激励力度的同时，必须建立严格的考评制度，公开公平，使得核心人才能上能下，形成人才活力。

第四节　尊重员工，留住好人才

酒店的正常营运是由人才来推动的，要想维系人才，首先要了解人才的需要，也就是要了解人才在酒店中有什么样的追求。只有充分了解了他们的真实需求，才有可能为他们实现追求提供甚至创造条件，才有可能更好地满足他们合理的需要，最后也才可能很好地留住人才。

一般情况下，员工的需要体现为以下几个方面：

（1）外在薪酬：包括工资、奖金、年假等福利待遇。

（2）内在薪酬：当外在薪酬满足到一定程度时，员工对良好的酒店文化、和谐的人际关系、丰富的工作内容、舒适的工作环境等内在薪酬的需求就会增加。

（3）被人尊重：即在组织中拥有某种头衔或地位，能够受他人尊重。

（4）个人成长：即个人能力的提升、职业阶梯的发展和人力资本的增值。

这样一来，我们就可以从中窥探出如何控制人才流失。这里所说的控制人才流失并不是将人才绑住，而是寻求一些方法让关键人才自愿地留下来，与酒店同呼吸、共命运。

1. 合理设计薪酬策略

酒店设计薪酬策略时要将人才的个人报酬、前途和发展与酒店的经营业绩和发展紧密结合起来，使人才的个人目标与酒店目标保持一致，达到双赢。

（1）确定合理薪酬标准

按照赫茨伯格的双因素理论，在确定薪酬标准时，要注意加大薪酬的激励因素，与工作绩效挂钩，激励员工的工作动机，营造公平、竞争的氛围；同时应体现出学习激励的功能，促使员工学习，尽力提高自己的技能水平和知识层次。

（2）进行科学薪酬设计

职务评价是薪酬设计最关键的一环。根据工作分析找出酒店内各种职务的共同付酬因素，并根据一定的评价方法，按每项职务对酒店贡献的大小、对酒店的价值和重要性确定其具体的价值（职务分）。其次，将职务分转换成实际的薪酬，并进行薪酬结构设计。再次，将众多类型的职务对应的薪酬归并组合成若干等级，形成一个职级系列，并确定酒店内每一职务的薪酬范围和具体的数值。最后，要对设计的薪酬体系进行评估，而且还要在今后的正常运行中适当地控制、调整薪酬水平和薪酬比例，使其发挥应有的功能。

（3）营建薪酬策略问题

合理地组合薪酬的各个组成部分，使薪酬策略既具有激励性，又具有安全性。在确定薪酬水平时，不要单纯注重基本薪酬而忽视了奖金的比例增加。绩效工资的发放一定要注重公平、公正，避免出现贡献与付出不成正比的情况，以免打消员工的积极性，影响员工之间的和谐关系。

2. 采取合理雇用期限

酒店的人才来源应当是外部招募与内部培养提升相结合，防止过度的人才“拿来主义”和“短期性消费”。同时对于某些特定职位的人才，如管理职位人才尽量地倾向于采用中期或者长期雇用。

采用中长期雇用制度，不但有助于增强人才的归属感、稳定人才队伍，而且有助于人才的职业生涯发展，有利于工作成果的涌现，从而实现人才个人与酒店的双赢，有效地减少不必要的人才流失和酒店人才成本支出。

3. 完善管理机制

酒店应根据经营发展战略和实际要求来制约人力资源的招聘、培训、晋升等具体计划。而且这些规划或计划信息要尽量让员工知晓，以便员工据此制订自己的发展计划，让员工感到自己在本酒店还有发展的机会，有助于提高员工留任率。具体可以从以下几方面着手：

（1）明确每个岗位的职责、权力与工作标准，它不仅使每个员工都能明明白白、有条不紊地各负其责，而且通过科学设计、综合平衡，可避免工作分配不均和员工工作压力过于繁重。

（2）加强人才的培训工作，为留住人才发挥莫大的作用。酒店文化具有较强的凝聚功能，对稳定员工起着重要的作用。酒店文化不是瞬间形成的，需要引导、灌输、示范和融入制度里，继而融入员工的思维和行动中。尽可能为人才提供实现其职业生涯的培训，使员工产生成就感。没有人愿意离开一个能不断使自己获得成功的组织。

（3）营造支持性的工作环境，即构建一个和谐、健康、团结、心情舒畅的工作环境。良好的人际关系可以使人才安心、心情愉快地工作，充分发挥自己的聪明才智，实现自己的抱负，成就一番事业。

4. 健全法律约束

要防止人才流失，必须加强法律约束。从法律的角度防范人才流失，酒店可以从以下几个方面入手。

（1）签订劳动法规定的《劳动合同》。很多员工在酒店中接受了培训后，有了一定的工作经验或客户资源，就跳槽另谋高就，甚至自立门户。为避免这种情况的发生，酒店可与员工签订长期合同，违约承担责任。酒店在引进人才时，应注意人才的种类、层次，避免单一性。对人才分层次、分部门的选用和管理，避免某些员工成为可以独立于酒店的全才，减少他们离开酒店的可能性。

（2）签订《竞业避让协议》。指一定的范围和期限内，通过相应的法律、政策使用人单位的关键职位的雇员不得利用其职务关系所获得的商业秘密。酒店对于员工的工作范围没有明确的限定，这非常危险。当酒店行业进入壁垒程度低或外界存在诱惑时，人才便会流失出去，另立山头。因此，应避免职能部门交叉。

当前，酒店人力资源管理需要真心尊重关心员工，体察需求，帮助员工的成长进步，营造发挥员工积极性的环境，如果酒店留住了人才，就会在市场竞争中立于不败之地。

5. 提高员工满意度

酒店的赢利之源是什么？答案很简单，就是顾客。顾客分为多种，有一次性的顾客，有偶然性的顾客，也有多次消费的顾客。显而易见，一家酒店想要持续赢利，就必须依赖那些能够多次消费的顾客。酒店为了吸引顾客，一般会采取打广告、提升服务水平、改善用餐环境等常规做法。

假如你开了一家酒店，并且运用以上这些做法吸引了大量的顾客，生意不错。过了一段时间，你的酒店旁边也开了一家新的酒店，它同样通过广泛的宣传、精美的店面装修和周到的服务吸引了大量的顾客。由于稳定的顾客数量在一定的地区是有限的，所以你的生意会随之变得相对冷淡。

如果你遇到这样的问题，就需要提高自己的服务水平来吸引大量的顾客，避免顾客流失。

通常来讲，提升酒店的服务水平，无非就是让服务员更殷勤一些，笑得更甜美一些，上菜更快一些。从实际操作来看，提升服务水平很难做到。这是因为，服务员是生动的人，管理者驱使他们做到这一切并不容易。增加菜品，虽然在一定时间内能够奏效，但是如果对方模仿这种做法，过一段时间同样失效。因为酒店所定位的顾客范围是一定的，所以，加强宣传也不能吸引更多稳定的顾客。

在以上做法都没有明显效果的情况下，所能做的就剩下价格战了。酒店通过压低成本，使饭菜价格降低，从而在竞争中站稳脚跟。一旦不能有效地压低成本，那么在产品降价的情况下，酒店的赢利水平就会下降。

实际上，很多酒店在开张之前就意识到竞争对手的存在，它们为了获得竞争优势，不断地削减成本，提升运营效率。大多数酒店管理者都固执地认为，员工就是一种固定成本，企业想要获得更多的利润，就必须尽可能地压低这个成本。他们认为，花在员工身上的劳务成本越低，其服务在市场上的竞争力就越强。因此，很多酒店为了节约此项成本，给服务员很低的工资，所提供的福利也不过是提供食宿而已。即便是经营状况很好的酒店，为服务员提供的工资和福利待遇同样低于其他行业。

酒店这样做，确实能够节省成本，在一段时间内提升企业的赢利水平。但是，时间久了，就会对企业的赢利水平造成不良的影响。这是因为，通过对利润服务链的分析，我们知道，企业的赢利水平与员工的满意度有关。员工在收入很低的情况下，基本上也没有多少工作热情；他们一旦没有工作热情，就不会给顾客提供令人满意的服务；顾客不满意服务的情况下，他们就不会继续在这里消费，企业的利润自然就会因此减少。

事实上，很多企业并没有认识到善待员工的重要性，而是把更多的精力投入到改进产品或者服务上。企业通过改进产品或者服务固然可以在短时期获得效益，但是，新的产品和服务很快就能够被复制，这样一来，原来的优势会迅速消失。

因此，企业想要持续获得高效益，首先要做的不是从产品或者服务上下工夫，而是先从员工身上做文章。也就是说，企业要从关注供应链转向关注需求链。简单地说，企业不能把主要精力放在产品、价格和供应上，而是要把主要精力投入到如何吸引和留住顾客上去。而企业吸引和留住顾客的关键，就在于一线员工提供的顾客体验。而一线员工的满意度直接决定了他们给顾客提供体验的好坏。所以，企业想要获得利润，首先要提高员工的满意度。

第四章　营销策略：酒店赢利的狙击手

第一节　酒店产品的客户是谁

1. 寻找客户，避免“面子”误区

在当今的经济时代，酒店销售工作对于酒店来说已经是决定命运的一个重要环节。很多人认为做销售是很没有面子的事情。销售工作入门门槛较低，学历要求不高，但就是这样看似低级的工作，却是最锻炼人、最能体现个人能力的工作。

莫小凡从国内一所名牌大学毕业后，进入一家酒店做销售工作。由于有着饱满的激情，浑身的干劲，又很聪明，所以他在酒店很快做出了不错的销售业绩，并得到了领导的器重。

但是，莫小凡总是觉得自己每次跟人谈生意介绍产品时都好像是在求着别人买自己的产品，说话有些低声下气，还要经常给客户端茶倒水，在“面子”上总是过不去。

更让他觉得难受的是，同学聚会时当同学得知他在酒店做销售时大家都用异样的眼光看他。尽管他知道自己行得正坐得端，没有坑蒙拐骗，并且业绩很好，但他仍感觉做销售让自己很没面子。于是，他萌生了换工作的想法。

其实，莫小凡是一个热情大方、有活力还很善于跟人打交道的人。沟通能力很强，在大场面上心理素质也过关，适应能力和抗压能力都很不错，按理说是很有潜力的一个人。但是，正是由于自己的“面子”误解，觉得做这一行没有

“面子”，总觉得销售人员低人一等，从而在工作中分心分神，迟疑不决，自然就离成功越来越远了。

那么，“面子误区”主要体现在哪些方面呢？

（1）潜意识的否定自己

不可否认，销售是一项压力很大的工作。不仅仅有酒店给的任务压力，还有来自心理的压力。酒店销售人员在遇到困难或者在客户面前受了气总是习惯性地怀疑自己，否定这份工作。

（2）急功近利

酒店销售这份工作竞争非常激烈。同事与同事之间销售业绩的排名、老员工与新人之间的竞争，这样强大的比较压力下，很多人为了让自己的排名靠前，进入领导视线，在同事面前“有面子”，就显出了急功近利、浮躁的一面。

（3）抹不开的交情

在酒店销售过程中，遇到难题总想着找找“关系”来解决。当然，很多酒店销售人员与客户建立了很好的私人关系，这个很正常。大家都觉得是朋友，价格可以商量。有“关系”，好说话，但是要把握好度。一旦跟客户产生了“哥们义气”，在价格上抹不开“面子”，会影响到日后的工作。

（4）以貌取人

很多酒店销售人员很喜欢以貌取人。客户来了，先观察客户穿的是什么品牌的衣服，看看是不是名牌。再看客户开的是“宝马”、“奔驰”，还是普通的桑塔纳。口里说着客户是上帝，心里却把上帝分了好多等级。看见客户开“奔驰”、“宝马”，就全体总动员，接待好，伺候好。

其实，为客户提供一个好一点的接待环境无可厚非，但是把“面子”做成一个工程，过度地追求面子，反而使公司上下都陷入了“面子误区”。

2. 客户在哪里

酒店客户就是酒店销售人员的衣食父母，只有找到了客户，销售业绩才能节节攀升，作为一位酒店销售的新人，需要充分重视客户，并不断培养开发客户的本领和技能。

酒店销售人员应当养成随时开拓潜在客户的习惯，因为任何人都会成为你的客户，只要勇敢、主动出击，你的客户市场就将是无限广阔的。

酒店销售人员必须主动开发市场，不要因为外表形象及业务素质等条件不够优越而产生消极的心理。只要保证足够的客户拜访量，就一定能取得可喜的业绩。

酒店销售人员在寻找开发客户时，通常可以从以下两个方面着手，一是企业，二是个人。

开拓企业市场，必须掌握企业的相关信息，获取这些信息的时候，可以通过企业的内部刊物收集，或者其他行业的名册，或者通过内部报纸、分类广告等。此外，酒店销售人员还要进一步打开思路，扩大搜寻区域，通过市场调查来走访、发掘客户。

由于酒店行业的特殊性，找到客户尚不足喜，因为客户是经常变化的，因此要不断地更新和补充新的客源，在已有的客户中挖掘新的客户，这是酒店销售人员能够持续拥有客户的基本前提。

假日酒店创始人 Wilson 有句名言："没有快乐的销售人员就没有快乐的客户。"这句话放到现在，就是没有快乐的酒店销售人员就没有快乐的顾客。

要想让交易的过程始终处于轻松愉快的气氛之下，全面掌握客户信息就成了每一个酒店销售人员必须要做的功课。

3. 找寻酒店客户的七种方法

了解了客户信息，就能做到胸中有数，定制服务。让酒店销售人员先了解那些顾客，预先布置，做到胸中有数。甚至可以为一些特殊客户的特殊要求提供提前准备，以便轻易地达到甚至超出客户期望，而这种惊喜所带来的回报也往往超出酒店销售人员的意料之外。

JISH 是位于美国华尔街的一家快速消费品卖场，具有上百年的经营历史。长期以来，JISH 一直以交通便利、物美价廉而闻名华尔街。另外，JISH 特别注重效率，这就大大降低了顾客的购物时间，迎合了华尔街繁忙的白领人士的消费需求。这些原因使得这家百年老店一直以来都是许多华尔街人士购物首选之地，每天进入卖场购物的客人络绎不绝。

可是在20世纪70年代，JISH店的销售业绩开始直线下滑，原本很忠诚的顾客许久都不来了，这使得这个百年老店开始遇到了难题。鲍比是这家店的老板，为了找出顾客数量下降的真实原因，他找到了一家管理咨询公司。管理咨询公司的高级分析师杰克告诉他，应尽早做顾客期望值分析来寻找顾客流失的原因，并帮助他设计了一份关于各类服务的重要性排序的期望值调查表。

鲍比把杰克设计的期望值调查表分发给来店里的顾客，同时还去寻找那些已经流失的顾客，请他们来填写这张表格。

几天之后，在店员的辛勤工作下，问卷全部收回了。经过分析，鲍比发现在顾客的期望值构成中，是否便于停车是顾客关注的一个核心问题，而JISH店并没有自己的停车位。JISH是一家百年老店，原先就一直没有停车位。随着经济的发展，顾客生活水平提高了，几乎都买了车，开车购物成为了新的消费模式，所以是否便于停车成了他们选择卖场的重要因素。通过调查得知，如果要到JISH来购物，他们就必须把车停到较远的收费停车场，不但浪费时间，而且还要额外支付一笔费用；而在别的有停车位的卖场，顾客就完全不需要担心这个问题了。

鲍比找到了真正的原因。于是他决定在附近租一个地下停车场，由专人负责停车服务。这样顾客只要开车到卖场门口，停车服务人员就会帮助他们把车停好，而且是免费的。通过服务改进，JISH店的许多老顾客又回来了。

客户的信息可以为我们提供很多有价值的内容，从而有效地指导销售工作。但市场竞争激烈，信息变得隐蔽、不完整，如何获取我们所需要的信息呢?

(1) 上门访问

首先是固定范围：以街道或行政区域为原则，针对对象采用密集式的访问。其次是特定对象：寻找可以接受或有能力购买商品的客户群，能减少在筛选客户时不必要的时间耽误。

(2) 客户介绍客户

你的老客户也会很了解其他客户的信息。销售人员可根据同老客户的关系，获得行业内部的一些信息。

优点：信息的针对性和具体性强，可参考性高。

缺点：容易带有主观思想色彩。

(3) 利用互联网

动动你的手指，信息尽在指尖。网上信息任你搜——企业网站、新闻报道、行业评论等。

优点：信息量大，覆盖面广泛。

缺点：准确性、可参考性不高，需要经过筛选方可放心使用。

(4) 专业网站

各行业内部或者行业之间为了促进发展和交流，往往设立有行业网站，或者该方面技术的专业网站。

优点：以专业的眼光看行业，具有借鉴性，企业间可做对比。

缺点：不包含深层次的信息。

(5) 权威数据库

国家或者国际上对行业信息或者企业信息有权威的统计和分析，是可供参考的重点，对企业销售具有重要的作用。

优点：内容具有权威性和准确性。

缺点：不易获得。

(6) 竞争对手

让对手开口告诉你所需的客户信息。

(7) 会议与论坛

注意那些首脑们的观点，这些观点对行业的发展会起到很深的影响。

(8) 展览

最值得去的地方。各行业或者地区定期或不定期会有展览。

优点：具有更丰富具体的信息。

缺点：展览时间不确定。

从多个渠道收集我们所需要的信息，是保证所获信息的全面的有效方法。客户信息对我们后面的专业判断影响甚大，因此要严格认真地对待。在获取客户信息时，要充分明确自身信息需求，积极会聚潜在客户信息，以敏锐的触觉感知市场，洞悉自己的竞争对手，实时跟踪动态信息的改变，要对行业市场全貌有所了解。

信息收集后要进行归类整理，便于及时回复和节省时间。要学会挖掘提炼信息价值，使收集的各类资料最大限度地服务于企业销售。

（1）大客户基础资料

其为什么样的客户？规模多大？员工多少？一年内大概会买多少同类产品？大客户的消费量、消费模式和消费周期是怎样的？其组织机构是什么样的？所拥有的通信方式是否齐全？客户各部门情况是否了解？客户所在的行业基本状况如何？大客户在该行业中所处地位、规模？并根据大客户自身的变化，进行适当的动态管理。

（2）项目资料

项目信息是评估的关键因素，在对大客户实行战略规划时，若没有对大客户项目有基本的了解，就无从谈起后面的交流合作。客户最近的采购计划是什么？通过这个项目要解决的问题是什么？决策人和影响者是谁？采购时间表、采购预算、采购流程是否清楚？客户的特殊需求是什么？

（3）竞争对手的资料

身处激烈的市场竞争条件下，不得不多关注自己的对手，以防止竞争对手突如其来的攻击，从而影响企业的销售。竞争对手资料包括以下几方面：产品使用情况，客户对其产品的满意度，竞争对手的销售代表的名字、销售的特点，该销售代表与客户的关系等。

在产品同质化和市场趋同严峻的市场中，如何制胜？挖掘到客户的实际需求，打动客户；了解客户的家庭状况、毕业的大学、喜欢的运动、喜爱的餐厅和食物、饲养的宠物、喜欢阅读的书籍、上次度假的地点和下次休假的计划、日常行程、在机构中的作用、同事之间的关系、今年的工作目标和个人发展计划和志向等，从心底里让他信任你、爱上你。

4. 如何做好客源预测

做好客源预测工作，然后才能考虑接下来的营销步骤。预测需从多方面着手。

（1）做好往年同期客源情况的分析

酒店销售人员要细分和研究去年同期节假日每天客房出租情况，如每日出租房间数，散客房间数，以及来自协议的散客比例、来自订房中心的散客比例等，从而将以往的数据与今年节假日预订情况进行比较。

由于旅行社团队往往会作提前预订，而且通常越接近节假日时，团队的房间数才会越确定，所以酒店销售人员应每隔一段时间与旅行社核对团队的收客情况，防止旅行社为了控房而作虚假或水分较大的预订。

（2）关注节假日期间的天气预报

由于节假日客源主要是旅游客人，旅游客人的消费属休闲性自费旅游，随意性较大，所以，若天气乐观，可以留出部分房间以出售给临时性的上门散客；若天气情况不妙，要多吸收一些团队，以作为客房的铺垫。需要如何控制和预留房间，还得看天气情况。

（3）了解本市同类酒店的预订情况

通过了解竞争对手和不同地段的酒店预订情况，可以估计出自己酒店客房出租的前景。

（4）关注媒体的相关报道

通常在节假日前几天，各大媒体包括网上都会争相从相关行业、酒店处了解到最新的情况，进行滚动式报道。

（5）通过其他渠道了解信息

酒店销售人员可以从酒店主要客源来源地的酒店销售界同行、旅行社、客户那里了解信息。总之，酒店应该尽量通过准确的预测以便做好节日长假到来的各项准备工作。

第二节　如何让客户接受你的产品

酒店销售人员若要让客户接受自己的产品，在销售之前、销售中都要下一番苦工夫。酒店销售人员对产品的功能用途上，对产品的卖点和优势上，以及产品的前景上，都要做到清清楚楚地了解。特别是对一个竞争力很大的产品，更是应该提炼出这种产品特有的优势，让客户一目了然、乐于接受。

1. 了解所卖的产品

对酒店销售的产品要有一个学习的过程，这是不能省略的过程。因为没有哪一个人能说不了解产品就能做好销售工作。

据调查，在酒店销售工作中，真正做到了解产品的销售人员不到30%。很多销售人员只是知道产品的价格，最多就知道一般的使用方法，而对产品的生产流程和各项指标一无所知。当客户在问到的时候，只能哑口无言，根本说不出关于产品的种种特点，若一问三不知，你就无法说服客户。还有的酒店销售人员由于对产品不了解，在销售过程中没有向客户指明产品在使用过程中应该注意的事项，以至于造成了不应该出现的质量问题。

我们对产品知识的了解，主要包含两个层次：第一层次是产品的基本知识层次；第二层次是产品的应用层次。产品的基本知识是产品应用的基础。要成为一个优秀的销售人员，不仅要了解产品的基本知识，还要了解产品的应用知识，要向客户提供相应的不同的使用价值。

一个优秀的酒店销售人员，不管是对产品的基本知识还是产品的使用知识都要了如指掌，对自己产品的了解程度要像对自己的性格一样了解。例如，同样的产品，同样的服务态度，有人一天能卖10件，而有的人只能卖1件，原因就是他们对产品的熟悉程度不同。一个对自己产品了如指掌的人，在面对客户时总能信心十足，当你在向客户细致入微地讲解时，你就已经处于主动的地位了，在你够专业、够诚恳、够耐心的影响下，你的这一单可能已经做成功了。

2. 为酒店产品找好卖点

有些酒店销售人员不怎么重点介绍和推广产品，产品却卖得非常好；而有些产品在花大力气推广的情况下，却卖得不如意，不红火。这些现象让很多人难以理解。难道是销售人员的能力不够吗，还是不够努力，还是其他原因呢？后来终于有人提出要炒作一个概念，也就是找到卖点。

此话一出，引发人的思考。是的，同样的产品，凭什么人家非要买你的？因此，找到符合客户需求的卖点显得尤为重要。

酒店销售人员想要提高自己的业绩，必须重视产品的卖点。那些优秀的酒店销售人员，就是一个善于发掘商品卖点的高手，即便已经很难发掘新的卖点了，他们还是会想方设法地包装好自己商品的卖点。

如果酒店销售人员不能准确地发掘合适的卖点的话，往往很难打开销售的局面，一般会遇到以下问题：

（1）条件差。几乎所有酒店销售人员都希望自己能够在一个好的销售条件下销售自己的产品。一个好的销售条件就是销售的产品必须有特色、有卖点，一个缺乏卖点的产品是很难引起客户的兴趣的。即便是零售的产品，如果没有特色也很难吸引客户的眼球。

（2）业绩差。一个酒店产品没有卖点，没有特色，自然会被市场上挑剔的客户所淘汰，这样一来就会产生酒店销售人员“信心受挫，烦躁”等不良后果，就这样恶性循环下去，销售的业绩会越来越差，最终连同酒店销售人员一起都会被淘汰出市场。

（3）利润低。市场上但凡你在家里就能报的出名字的都是有特色的畅销产品。也正因为有特色，所以产品的品牌很容易被客户记得。反之，就会导致知名度低，利润也越来越低。因此，如果酒店销售人员想获得好的业绩，就必须重视酒店产品的卖点发掘，然后好好利用产品的卖点炒作自己的品牌。只有品牌在不断地宣传中、在客户的脑子里留下印象，才有可能带来更多的利润，而产品在市场上才会畅销。

那么，作为一个酒店销售人员，如何发掘产品的卖点呢？

（1）做到无孔不入。卖点从来不存在有没有的问题，而是有没有发现的问题。你可以在酒店产品的功能品质上发掘，也可以在酒店产品的外观上想办法，甚至可以在竞争对手的身上找突破。总之，要敢于突破，敢想敢做才能在如今激烈的竞争中杀出一条血路。

（2）拒绝雷同。现在市场上的酒店产品多种多样，各种炒作方法也千变万化。但是有一个不变的原则就是“人无我有，人有我异，人异我新”，也就是说，你要想到别人没想到的，敢于创新，当别人都在创新了，那么就寻找创新中的不同，正如一句俏皮话“别人玩创新，我就玩复古”。

（3）及时补救。在酒店产品销售的过程中，很有可能会遇到一些突发情况，这就需要你学会转移客户的视角。一个卓越的酒店销售人员总是能够在突发状况时找到最佳的补救措施。

（4）敢于放弃。“舍得”之道，所谓“塞翁失马，焉知非福”有时候当你发现卖点已经失去了竞争力并已经没有什么大的潜力的时候，你就应该敢于放弃。只有不断地放弃一些卖点才能发掘出新的真正适合客户需求的卖点。

3. 卖点在于提炼

卖点是什么？卖点其实就是给客户一个必须买你的产品的理由。那么精华是什么？精华就是客户无法拒绝的卖点。这就需要酒店销售人员善于提炼卖点的精华。

最佳卖点并不是靠经验来取得的，不是依靠单纯的模仿、借鉴就能够得到的；而是需要用心去观察，留心、发掘、提炼、总结出来的，真正的销售大师永远记得“独一无二”的价值。一般来说，酒店产品的可塑性、不规律性越强，卖点可发掘性就越强。那么，卖点通常体现在酒店产品的哪些方面呢？

（1）技术方面。技术方面的卖点就是指酒店产品在自己的技术上的一些特点的炒作。

（2）品质成就。酒店销售人员只要把自己的品牌说清楚，酒店产品信息介绍明白了，客户自然会选择购买。这就是“品牌的力量”。

（3）服务到位。有句话说得好：“没有十分完美的产品，但是却有十分周到的服务。”服务可以弥补产品上的不足。

（4）特色鲜明。特色，就是产品的特点，特别出彩的一个特征。要求与众不同，别出心裁。比如，现代社会，人们对个性的追求越来越高，如果打出“独家”的概念，那些追求个性的客户就会比较容易接受酒店产品。

（5）“感情泛滥”。如果酒店销售人员跟很多客户都称兄道弟，跟客户之间有着千丝万缕的感情来往，剪不断、理还乱、驱不散的联系也能当做卖点。有时候一句“××总，咱兄弟情分，帮个忙”，很有可能单子就出去了。

当然，酒店产品的卖点有很多，只要善于发掘，卖点就会出现的。选择什么样的卖点还需要根据实际情况而定，但是需要记住的一点就是：酒店产品的卖点并不是“多多益善”，而是“精益求精”。如果卖点太多，不仅酒店销售人员推销产品时会失去中心，就连客户也会感到眼花缭乱，最终无从下手。

4. 寻找热点推介产品

一个优秀的酒店销售人员往往是善于掌握人们心理和态度的杰出人才。要想得到客户的心，就必须先深入了解客户的心理。掌握了客户的心理，并向他推介产品的热点，才能真正地满足客户的需求。

“酒香不怕巷子深”已不适用于当今竞争日益激烈的市场，即便是美酒，不懂包装、推销，也照样会无人问津。换句话说，一个酒店销售人员如果在工作中不主动向客户推销卖点的话，那么即便是在周围生意很红火的情况下，也不能大范围地打开市场。

在1915年的巴拿马万国博览会上，由于当时茅台的包装过于单一，在那场博览会上几乎无人问津。

后来，连工作人员都很失落，情急之下，一位工作人员在大厅里故意装作不小心碰掉了一瓶茅台，茅台酒洒在地上，香气在空气中弥漫，顿时得到了外商的关注，也就是从那时起，国酒茅台开始渐渐地走向世界舞台。

这个故事中我们不得不感谢那位工作人员的急中生智，为国酒茅台赢得了尊严，找到了市场。茅台由于缺少包装的卖点没有赢得更多的关注，但茅台酒的质量还是能够让外商折服的。茅台缺少的就是一个展现自己品质的机会。

因此，对茅台而言，对于那个参展的工作人员而言，毫无疑问这个热点的推销方式是完全正确的，也是非常成功的。

5. 客户成交“三板斧”

不管你有怎样高明的理论，酒店营销也是万变不离其宗的，形式可以变，方法可以变，但最基本的那些东西永远是不会变的，这些是酒店营销的至上策略。

那么它是什么呢？经过多年的实践，我这里将其总结为营销的“三板斧”。

第一板斧：聚焦。

在酒店行业中，有一个巨大的分水岭，可能是在5%和95%之间。5%的人做得非常轻松，非常成功，非常容易；而95%的人非常地努力，但成功很有限，为什么？

当你聚焦在一个地方，你会不断发现新的秘诀、新的感悟、新的突破。当你的精力只聚焦在一个有限的领域内，你才会不断地发现秘诀，你才能看到周围人看不见的东西！

我们都听过“二八原则”，如果说你做了100件事情，其中可能只有20件事情是最关键的，这20件事情就决定你80%的效率。同样的道理，你的100个朋友中可能只有20个对你的幸福、个人发展起重要作用，其他80%的人都是一般的，或者随便聊天吃喝的朋友。

同样，在销售中，可能20%的客户为你带来了80%的价值。在你每天工作的10个小时中，可能有8个小时都是浪费的。所以从这个角度讲，你的人生必须聚焦。

第二板斧：杠杆借力。

民以食为天，餐饮是我们生活的必需品，也有很多的人投身于餐饮。很多人觉得开酒店要靠自己，其实这是大错特错的！

什么叫创业？创业不是说自己脑海中有一个想法，然后就一个人独自去实现它。创业者是看到了一群人有各种各样的资源，然后通过某种巧妙的借力机制，把这群人团结起来，一起来实现同样的梦想。

作为创业者，你最大的能力是组织能力。怎么把所有的力量聚集到一起？怎么为你客户的梦想创造更有利的实现基础？这是创业者应该思考的。

有一个女孩子，花了五六年的时间积攒了10万块钱，她想开一个咖啡馆。准备租场地，买家具，然后开业。

我问她：“你有开咖啡馆的经验吗？”

她说：“没有。”

我坦率地告诉她：“你开咖啡馆失败的可能性是100%。各地都有很多的咖啡馆，有些是成功的，有些是不成功的，你把最成功的那个找到，然后对她的老板说：我看到你的咖啡馆是很成功的，我也想开一个，不过我会开到其他的地方去，不会跟你竞争的。我给你打工三个月，我一分钱都不要，但是你要让我接触到咖啡馆的整个经营的环节，你每个星期要抽出 2 个小时的时间接受我的采访，告诉我成功的秘诀，三个月后我到另外一个城市去开一个咖啡馆，你做我的顾问，我第一年的利润，百分之百全归你。”

对于她来说，其实成功的方法很简单，那就是需要借力，借助别人的力量来实现自己的成功。

第三板斧：测试。

比如，你的酒店准备拿出 100 万元在报纸媒体上打广告。你现在把它分开做，多几次投放。你可以把 100 万元投入到 10 个媒体上去，这 10 个媒体产生的结果可能会完全不一样，一定有一个最好的。然后第二步就是把这个“最好的”放大。

你可以有多种放大的方法，比如说，有一个媒体非常好，你一个星期登一次分类广告，然后把它增加到两次……三次……四次，然后你可以放大到 1/8 版，如果整个效果仍然非常好，你可以再放大到 1/4 版，最后再放大到一个整版。在这个过程中，你所走的每一步都是 100% 赢利的，为什么？因为你测试过。之后，你可以把它从一个媒体放大到两个、三个媒体，然后你可以从报纸放大到杂志、电视台……所有的营销思路都是一样的，只是表达形式不同。其实成功是很简单的，但你必须要测试。

譬如说，一些你很长时间都搞不定的客户，你可以拿他们测试一下，反正对你来说万无一失，这些客户本来可能也准备放弃了，测试一下，无所谓。如果成功了就再“放大”。这三天我会帮你做出自己的“零风险承诺”版本，这个版本既给你提供市场竞争的优势，又给你客户响应的基础，同时，还能够有效地管理你的风险。

第三节 酒店营销的六个要点

我国的酒店业是在改革开放的大背景下发展起来的，是最早接受国外先进技术和管理经验的一个行业。然而，现在不少中小型酒店的经营，仍然停留在照搬西方模式的初级阶段，缺乏经营的灵活性和创新意识，经营成效并未达到最佳状态。而营销就是当前酒店急需加强的部分。抓好营销，酒店需要做好八个方面的工作。

1. 打好酒店经营的基础

酒店经营的基础可以简单地概括为“一个中心”和“两个基本点”。

所谓“一个中心”，就是市场，是目标顾客。酒店必须关注市场，以市场为导向，围绕市场来开展工作。遵循市场规律，做好市场调查，了解市场需求。

所谓“两个基本点”，就是培育和造就高素质的员工队伍以及树立正确的经营理念。这可以从市场的角度来界定。市场无时无刻不存在竞争，竞争是非常残酷的，要想在激烈的竞争中获胜，酒店自身必须练好内功，把企业内部各方面的工作管理好、协调好，才能增强经营实力，在变幻莫测的市场中立于不败之地。在“两个基本点”上狠下功夫尤为重要。

酒店服务的生产与消费是同时发生的，客人与员工接触也是多层面和广泛的。没有一流的员工，就不会有一流的服务；没有满意的员工，就不会有满意的客人。员工是饭店最宝贵的财富和资源。培育和造就具备良好素质、丰富知识、娴熟技能、规范礼仪、诚信商业道德和热忱工作态度的员工队伍是饭店经营最根本的工作。

酒店是传统的服务行业，服务要尊客为上，让顾客来到酒店切实感受到宾至如归、处处满意。酒店员工要树立“使顾客满意为第一己任”的工作理念，全方位为顾客着想和服务，从思想建设上奠定良好的经营基础。

2. 用创新思维经营

社会越发展，市场越细分，酒店经营越该专业化。如果酒店产品雷同、千篇一律、百店一格，就会导致竞争愈演愈烈，成本上升，效益下降。消费者需求多样化，在客观上要求酒店产品也必须多元化。酒店硬件不能一味攀比豪华、气派、大而全，而应该立足于在有限的投资中尽量设计出各自不同的风格、品位、气氛和文化特色。酒店的软件设施也要在具备“老三化”——规范化、标准化、程序化的基础之上做到“新三化”——个性化、特色化、形象化。

酒店的创新要遵照顾客的要求去做，充分征求顾客的意见，听取多方面的反映。对于酒店的新顾客，要加强宣传酒店自身的功能特色，突出与其他酒店不一样的地方。对于酒店的老顾客，应该主动征求改进意见，及时改进工作，使老顾客不断感受到新的服务和新的变化，提升老顾客对酒店产品的忠诚度。

产品有变化、有创新、有突破，酒店才能表现出与众不同的差异性，最容易的突破点就是文化。酒店可以在房屋造型、室内装修、服务人员服饰、服务形式、饮食文化、背景音乐、娱乐活动等方面突出表现本地方特点，用不同的地域特点来吸引顾客。酒店提供的是生活服务，客人的一般心理总是求新、求异、求变的，如果一味去迎合客人原有的生活方式，不一定能取得理想效果。

因为客人来自不同领域，程式化的模式不可能适应所有客人，有时候客人也许会觉得这种迎合是一种蹩脚的服务。当然，创新服务不能强加于人，要给客人提供多种选择的余地，并尊重客人的选择，做好个性化服务。

3. 做好酒店内部营销

内部营销就是全员促销，这是酒店营销的继续和延伸，是节约营销成本的最好形式。

首先，内部促销是面向已经入住的客人或老顾客进行的促销，稳住已有的顾客就是稳住已有的市场份额。

其次，内部促销不需要专职人员，与外部促销活动相比既容易又方便。从酒店的总经理到服务员，从前台到后台，人人都可参与，酒店全员都是义务推销员。只要把全体员工的积极性、主动性调动起来，再适当地掌握一些方法和技巧，酒店就会形成强大的内部推销力量。

最后，内部促销不需要专门的经费投入。它不像广告、公关等要有专项经费开支，而是在酒店员工完成本职工作的同时，不失时机地、恰到好处地向客人推销，只需多一些灵活的方法、语言技巧和形式的变换而已。这样做，成本最低，见效最快。

内部促销的前提是服务优质化。只有优质的服务才会令客人满意，才能让客人乐于接受内部促销的诱导，才能愿意增加消费或再次消费。此外，建立一套激励内部促销的机制是做好内部促销、树立全员营销意识的制度保证。

4. 开展营业推广活动

营业推广是酒店为了促使顾客加快购买决策、增加购买数量而采取的一系列鼓励性的销售措施。酒店往往通过某种活动来变换产品销售的方式，以达到宣传和促销的目的。在特定时期或特定任务下，施行短期推销，目的是在短期内强烈刺激市场需求，迅速取得销售效果。

酒店营业推广的形式有庆典活动、节假日促销、主题销售、文化表演、美食节、康娱项目、名人讲座、展览等。比如郑州中州一个假日饭店，在每年的圣诞节和中秋节都会举办丰富多彩的节日集会活动，并借机推出节日客房和餐饮产品，每次都产生了轰动效应，成为当地的新闻焦点，引起了很好的市场反响，取得了丰厚的经济收益。

酒店在重要的日子举办各种文化品位高、艺术氛围浓、内容独特新颖、形式活泼健康的销售活动，是非常常见，且非常有效的销售手段。这不仅能直接增加酒店收入，还能扩大饭店知名度，树立酒店良好的市场形象。

酒店销售不能仅坐等顾客上门，同样需要选择合适的媒介进行宣传。在当今社会，传播媒介呈现多样化，不同媒介所针对的受众和辐射范围有所不同。电视、广播、报纸、杂志、商业信函、宣传品、户外广告、流动交通广告等众多媒体和宣传途径往往让酒店在作抉择时，犹豫不决，无所适从。

一些酒店虽然经常在某些媒体广告上出现，但效果却并不理想。原因在于酒店的目标顾客比较分散，而媒体的受众又相对集中，酒店的宣传事倍功半。对于覆盖整个市场的宣传，酒店应该通过制造新闻事件来宣传自己，如设法吸引名人、政要入住酒店，以及举办社会反响较大的活动等，频频在媒体亮相，借助新闻宣传扩大饭店影响。或者根据酒店的主流顾客进入城市关口，如机场、车站、码头设立户外广告，以及有针对性地给老客户和潜在客户散发信函、纪念品、宣传品上门促销，才能收到较好的效果。

品牌是酒店重要的无形资产，利用品牌营销是一种非常有效的市场方法。酒店品牌的树立能够引发顾客的消费偏好，建立客户的友好感情，增强消费者的认同感和对品牌的忠诚度，从而达到营销酒店的目的。酒店品牌通过名称、标识物、标识语让顾客认知和区别不同于别家的定位。

酒店品牌的树立建立在服务质量之上。酒店住宿是一种以服务为主要内容的无形产品，十分依赖消费者事前对它的质量感知。酒店品牌主要通过酒店的表象特征传达给顾客，具体表现在价格、服务人员的仪表、建筑物外观以及明显能对顾客产生第一印象的其他方面。不过，酒店品牌的形成不是一蹴而就的，是依靠酒店长期的科学管理和坚持不懈地营销努力取得的。品牌营销就是名牌创建的过程，其目的在于不断提升品牌形成名牌。

5. 建立网络营销渠道

信息技术的发展，早已经渗透到各个行业，并在酒店业广泛应用。网络营销以其难以想象的发展速度成为酒店最有效、最经济、最便捷的营销手段。酒店网络销售系统是具有革命性的饭店营销创新。它的优势主要在于能够有效展示饭店形象和服务，建立与客户良好的互动关系，高效率管理销售过程，还能显著降低销售成本，提高经济效益和管理水平。

酒店网上营销窗口可以分别设计为外部连接和内部连接两大系统，外部连接其他酒店网页、旅游网站、酒店所在地区其他网站、搜索引擎网站的连接等；内部连接酒店营销信息内容的布局与打开形式。酒店营销信息的内部连接，关系到营销信息内容布局的合理性，即符合人们观看习惯，以及访问者获取相关信息的方便性。

上网者总是希望通过最简单的途径获取最有价值的信息，因此应尽量做到网上营销信息的内容结构必须突出酒店经营特色。尽量将主要信息放在屏幕中心位置。如果信息版块较少，可直接采用罗列式排列，访问者利用滚屏方式获取信息。如果信息版块数量较多，为方便访问者寻求所需信息，则应通过超文本链接来实现，但链接的深度最好不超过三级。级数太多，会使浏览者失去耐性。对于条目繁多的告知性营销信息，如餐饮特色价格、服务时间、客房类型、面积和价格等可尽量采用表格形式表现，使人一目了然。

6. 重视关系营销

关系营销就是针对重点顾客的营销，其目的在于提高常客的忠诚度、巩固市场份额。关系营销的手段有：常客优惠、以快速办理登记和结账、记录常客以往信息提供个性化的住店服务。一次个性化服务的经历会给客人留下深刻的印象。

酒店在关系营销中，收集与客人有关的信息极为重要。为了提供个性化的服务，通过各种信息渠道，收集客人的个人资料，准确地了解他们的消费爱好。当他们下次住店时，不需要登记，服务人员就会恰当地称呼他们，并引客人直接入住，并且各项服务均符合这些顾客的要求，如客房的朝向和内部布置，及时接通长途电话和提供商务支持，床上和洗浴用品也符合他们的个性化要求等。

许多顾客都有这种与酒店建立友好关系的潜在要求，他们希望能长期从该酒店获得个性化服务，希望服务人员熟悉他们、关心他们、主动与他们联系，为他们提供高质量的服务。

酒店一旦识别和选择了关系营销的对象，就应该主动与他们联系。定期与选定顾客接触，了解他们对服务工作的意见和建议，这样会使他们认为酒店是自己关系网中的一员，有亲近感，在他们需要到酒店消费时会下意识地首选该饭店。

第四节　打造最好的客户关系

酒店销售人员生存的基本保证就是要有客户的支持，销售的最终目的也是为了得到更多的客户。因此，酒店销售人员要搞好与客户之间的关系，以使自己的销售工作达到最好的状态。

1. 寻找客户的利益点

酒店销售人员若要将产品顺利销售出去，就要寻找到客户的利益点，以此作为销售工作的关键点，从而获得更多的客户。

将酒店产品的特点与客户的利益点联系起来，以使我们真正找到客户的利益点。每一样酒店产品都有它独具的特性，这些特性就是酒店产品的优点，也是客户的某一利益点。比如，客户选择物美价廉，或者高档典雅的酒店，销售人员要能够根据这些不同的特点，选择适合的服务，从而满足客户的需求，这就是客户的利益点。

那么，酒店销售人员该如何找到客户的真实的利益点，发掘出客户最大的需求呢？

其实，这就需要酒店销售人员将酒店产品的特点和优点最大限度地发掘出来，使之为客户带来更多更大的利益，客户得到的利益越多，对酒店产品的需求就会越大，客户的利益也就越能得到最大的满足。

（1）酒店销售人员要先推敲客户的特殊需求，以找到客户的利益点

每一个客户对酒店产品的需求或多或少都有些不一样，特别是一些特殊的客户，需要特殊的利益，这就是客户的特殊需求，这就是客户不同的利益点。

要做到这一点，一般要通过如下步骤来找到：从事实调查中发掘客户的特殊需求；从询问技巧中发掘客户的特殊需求；介绍酒店产品的特性，向客户说明这种产品的特点；介绍酒店产品的优点，向客户说明产品的功能及其产品优点；介绍酒店产品的特殊利益，向顾客阐述这种产品正好能满足客户的特殊需求，能满足客户的特殊利益。

（2）酒店销售人员要了解不同的客户需求和利益点，为客户寻找购买的理由

面对同样的酒店产品和服务，为什么客户愿意选择 A 酒店而不选择 B 酒店呢？在同一条街上的 A、B 两家酒店，为什么客户喜欢到 A 酒店吃饭，而不去 B 酒店呢？这就是客户的需求和利益点不同的原因，所以，酒店销售人员应该找出

这些不同的需求和利益点，找到客户购买的真正理由。一般来说，有以下几个理由：

（1）具备满足象征客户地位的商品

很多客户会比较注重酒店的整体形象，比如说，酒店的价格、性能、个性特征，特别是名气，因为它们最容易满足客户象征地位的利益。针对这些客户，酒店销售人员不妨从此处着手试探潜在客户最关心的利益点是否在此。

（2）能使客户感到安全、安心的酒店

地沟油问题、疯牛病问题、烤鸡苏丹红质量问题等屡屡被爆出，人们越来越关注食品安全问题。安全、安心也是很多客户选购酒店经常会考虑的理由之一。

（3）兴趣、爱好是客户购买商品不可忽视的一个重点

很多客户将自己的兴趣、爱好与商品结合在一起。根据这一点，只要酒店销售人员能够抓住这种心理需求，就一定能够让客户与酒店销售人员双方受益。

（4）价格是客户选购产品的理由之一

有的客户对价格非常重视，若是这样的客户，酒店销售人员可向他推荐在价格上能满足他的产品，否则你只有找出更多的特殊利益以提升产品的价值，使他认为值得购买。

（5）优质的服务也是客户选择的重要因素

因为一个服务较好的酒店，会吸引客户络绎不绝地前来，服务也是客户关心的利益点之一。

用利益打动客户，是说服客户实现销售的基本原则。客户之所以选择你的酒店消费，是因为你的酒店产品能给他带来更多的利益，能够满足他更多的需求。你所销售的产品的特点正好能为客户提供利益，抓住了客户的利益点，你与客户之间才会有交集。

2. 洞悉客户的心理

客户的消费心理是指客户在购买过程中所存在的心理特点。酒店销售人员应该充分掌握这些消费心理，正确把握客户的需求，从而提高销售的成功率。

一般来说，客户的消费心理有实用心理、安全心理、物美价廉心理、方便心

理、审美心理、时尚心理、占有心理、自我表现心理等。这些消费心理是通过不同类型的人表现出来的。

在实际的销售过程中，酒店销售人员不仅要掌握客户的这种心理，还要掌握客户其他的消费心理，以便于根据实际情况来决定做法。下面逐一进行介绍：

（1）实用心理

这是客户最基本的消费心理，是为了满足客户的基本需求，也就是注重酒店产品自身的使用价值。著名心理学家马斯洛说过，人类最低层次的需要是生理需要，即要满足人类生存基本需要的吃、穿、住、用、行，然后才能追求更高的层次。可以说人的大部分精力都是放在基本的生理需要上的，所以追求实用也是人们最为常见的消费心理。

（2）安全心理

在人们基本的生理需要得到满足之后，便会追求更高的层次，比如说酒店消费品的安全性。客户在选择酒店消费时，会注重该酒店产品会不会给其本人或家庭带来安全感，或者说可不可以避免不安全的威胁。这种安全心理在酒店消费领域表现得是比较突出的。

（3）物美价廉心理

物美价廉是客户对酒店消费所追求的目标，也是最为普通最为常见的消费心理。在这种消费心理的作用下，客户在消费过程中对酒店的价格反应比较敏感。在选择同一新产品时如果彼此的质量相差不远，客户往往会偏重于选择价格较低的商品。

（4）方便心理

现代生活的节奏不断加快，人们越来越注重时间的利用效率。在这种心理的支配下，人们会尽量购买给自己的家庭生活和工作带来方便的新产品，例如各种半成品的食物、饮料等，这都给人们在饮食方面带来了很多方便，满足了客户的方便心理。

（5）审美心理

爱美之心，人皆有之，美能给人带来精神上的享受，给人带来愉悦感和满足感。那些美观大方的酒店新产品会格外吸引客户的眼球，勾起客户强烈的购买欲望。酒店销售人员应该注意到客户这一心理需求，有意展示自己新产品美的形象，以吸引客户。

(6) 时尚心理

追求流行时尚是现代消费者，特别是青年消费者，表现得更为突出。这些消费者总是喜欢新产品，享受新服务，跟随流行时尚，即使价格高一点也不在乎，相反对于陈旧的、落后的东西不会很感兴趣。

(7) 占有心理

有的消费者对有的商品并不是十分需要，只是觉得东西好非常喜欢，想买来据为己有，这就是“占有心理”，这是人类的一种占有欲的表现。酒店销售人员则可以利用客户这一心理，让客户喜欢自己的新产品，从而把东西买下来。

(8) 自我表现心理

这是一种客户需要得到他人的尊重，渴望在酒店消费活动中表现自己，以得到他人的恭维和赞美来满足自己的心理。在消费活动中，听到酒店销售人员对自己的恭维和赞美，客户会觉得很有成就感，得到心理的满足。而酒店销售人员则可以利用客户的这一心理，尊重客户，或者有意地迎合客户，让客户愿意买你的东西。

3. 抓住客户的性格

德国哲学家莱布尼茨曾经说过：世界上没有完全相同的两片叶子。其实，何止是叶子，世界上任何事物都没有完全相同的。

酒店销售人员应该准确抓住客户的性格，了解客户的性格。要知道，了解客户的性格和了解自己的产品同样重要。对客户的性格了解，主要是通过沟通来实现的。

每个客户都有各自不同的性格特点，我们要学会分析客户的性格，采取他所喜爱的方式与之沟通，这样，才能取得更好的销售业绩。

(1) 沉默寡言型的客户

这类客户一般在与酒店销售人员的沟通过程中，不会说很多话，但他们会仔细地倾听酒店销售人员介绍产品和酒店。就算是提出问题，一般都是想要更多地了解产品资讯。这类客户比较沉默，并不是因为他们对于产品兴趣不大，而是因为他们心里带着许多疑问。

应对策略：首先要说明酒店产品的诸多优点，而且要告之购买产品后所享受的服务，要多激发他们购买的欲望，要尽量减少他们对你的不断发问，可以反其道而行之，去问他们一些问题，将他们带入销售的氛围中。

（2）犹豫不决型的客户

这类客户一般没有什么主见，情绪也不稳定，忽冷忽热。

应对策略：对这种类型的客户，酒店销售人员最好果断地为他们作出判断。用一些具有强烈暗示性的话语来提醒他们，让他们感受到如果现在不买将来会后悔的问题严重性，以此来激发他们的购买积极性。

（3）小心翼翼型的客户

这类客户在交谈的过程中会非常认真仔细，对酒店销售人员说的话都用心听，用心想，稍微有一点不明白他们就会提出问题，生怕稍微有疏忽而上当受骗。但是正是因为他们的心比较细，签单的概率反而比较大。

应对策略：跟着客户的思维节奏走，尽量将你要表达的东西讲清楚，讲透彻，多举一些例子来增加客户的信心，强调产品的附加值及可靠性。

（4）脾气暴躁型的客户

这类客户的忍耐性特差，一旦感觉有一点不满意，就会立即表现出来，在交谈中随时都会闻到火药味。

应对策略：酒店销售人员只需要用平常心来对待，不能因对方的盛气凌人而屈服，绝对不能拍马屁，采用不卑不亢的言语去感动他。

（5）无所不知型的客户

这类客户缺乏谦卑，总觉得自己就是最好的，喜欢用高傲的姿态对待酒店销售人员，认为他自己什么都知道。

应对策略：酒店销售人员应该对客户说的话表示肯定和赞成，应该告诉客户这种产品的优势与客户的密切联系在哪里，不要直接批评客户。

（6）世故老练型的客户

这种类型的客户说话办事一般都很世故圆滑，他们会显得非常老练，对酒店销售人员的介绍一般无动于衷，让很多酒店销售人员束手无策。

应对策略：这种类型的客户虽然话很少，但是心里很清楚，比谁都有一套。我们要仔细观察他们的一举一动，用最佳的分析讲解来引导客户购买产品。

（7）好争论辩解型的客户

这种类型的客户喜欢与酒店销售人员唱反调，喜欢搬出理论，讲大道理，以此来显示他的能力。有时明知自己是错误的也要和你争辩，直到实在辩不过去嘴上还是不服输。

应对策略：先承认对方的一切说法，不要顶撞，你的态度一定要诚恳，让对方觉得你乐于听他的辩解，以博取对方的好感。当对方觉得在你面前有优越感时，又对你的产品有一些了解，他就常常会购买，与之交流时要少说多听，要说就切中要害，一针见血，主要是能刺激对方的需求性。

（8）虚荣心强的客户

这种类型的客户一般都是死要面子的，既自大又自负。他们为了满足其虚荣心，喜欢撒谎欺骗，他们喜欢得到别人的赏识与赞扬。

应对策略：多讲解产品最适合他这种高层次的人使用，多给他成就感和肯定，他们都喜欢别人的奉承，切不可揭开他的老底。只要顺着他的心理，对他多一分认同，他就会对你产生信任。还要多讲解选择产品后带来的感受和优越感，这样你的产品才有可能让这群人接受。

（9）贪小便宜型的客户

这种客户总是希望酒店产品不花钱就能买到，当酒店销售人员在对他们做产品介绍的时候，他一般不会给酒店销售人员面子，然而，当他们一旦有便宜可占的时候，他们的态度立即就会改变。

应对策略：如果酒店销售人员发现客户有这种性格的时候，不妨想出一些优惠的方法或者具有大的吸引力的举措，让客户觉得有便宜可占，购买就不成问题了。

（10）喜欢说话型的客户

这种类型的客户天生话就很多，就算是一些鸡毛蒜皮的小事，他们都会放大来说，也不管别人是否愿意听，只管他自己嘴上痛快了就行。

应对策略：对这种类型的客户，不妨就让他们尽管说，等到他们说到高兴为止，酒店销售人员只管做一个听众就行。但是，一个优秀的酒店销售人员不仅要学会顺从和迁就，还要在听的过程中把握好时机插入对产品的介绍，适时促成销售。

4. 与客户的情绪同步

每个人在一天之内，都会有不同的情绪出现。情绪好的时候，看到什么事情都觉得是好的；情绪不好的时候，就会感觉诸事不对，做起事情来也不会顺利。因此，学会控制情绪是一件非常必要的事情。

与客户的情绪同步，是指酒店销售人员要能快速地进入客户的内心世界，能够从对方的观点、立场来看、听和感受。作为一名酒店销售人员，我们不仅要控制好自己的情绪，还要掌握好客户的情绪，随时注意与客户的情绪同步。只有时刻注意维护好客户的情绪，在一个和谐轻松的环境气氛下，才能更容易促使销售顺利完成。

李总正在推销他们公司新进口的一种新品牌的啤酒。在扩大市场的过程中，他发现了有一个开了10家连锁酒店的潜在大客户，李总想把新的啤酒销售给这个客户。

于是，他多次去拜访这个老板，但是每次都进不了门　对方不是态度很冷淡，就是敷衍了事。

有一天，他再度尝试去拜访这位客户，当他走进对方的办公室，还未来得及问候，这个客户一见到他就很生气地一拍桌子说："你怎么又来了，我不是告诉过你我最近很忙，没有空吗？你怎么那么烦人，你赶快走吧，我没有时间理你。"

李总不但没有因此而退缩，而且马上就想到了"情绪同步"这4个字，所以他立刻用和客户几乎一样的语气说："陈董，你怎么搞的，我每次来，都发现你的情绪不好，你到底为了什么事情烦心？我们坐下来谈谈。"

说完这句话之后，那个客户显得特别惊讶，并不再说话。李总进了这位客户的办公室之后，马上改变了说话的口气，很和气地说："陈董，怎么回事呢？我拜访了你四五次，每一次都看到你的情绪不是很好，你是不是有什么烦心的事？我们一起聊聊。"

这时候，那个老板也用类似的语气说："李先生，我最近实在是烦死了。为什么呢？你知道我是从事连锁餐饮行业的，我好不容易花了很多时间培养了3个分店经理，因为我今年下半年计划开3家分店。现在一切准备就绪了，但上个月我新培养的3个分店经理却都让我的竞争对手以高薪给抢走了。"

李总听了后，拍拍他的肩，说："陈董啊，你以为只有你才有这么烦心的事吗？我也和你一样烦恼呀。你看看，我们最近不是有新的产品要上市嘛，前几个月我好不容易用各种方法招来十几个新的推销员。每天我早上加班，晚上加班地培养他们，想把我们的市场打开。结果才一个月多的时间，十几个新推销员走得只剩下了五六个。"

接下来的几分钟，他们互相抱怨，现在的员工是多么的难培养，人才是多么的难找……讲了十几分钟后，李总站起来说："陈董，既然我们俩对于人事的问题都比较头痛，咱们也先别谈什么啤酒的事了。正好我车上带了一箱新的啤酒，搬下来你先免费尝一尝，不管好喝不好喝，过两个星期，等我们俩都解决了人事问题后，我再来拜访你。"那个陈董听了后就顺口说："好吧！那你就先搬下来再说吧。"搬下来后，两个人就握手互道再见了。

后来，这位李总顺利谈成了这笔生意。在他们整个谈话的过程中，李总从头到尾都没有提推销啤酒的事情，而是花了大部分的时间同这个老板保持"情绪同步"，最终建立起了合作关系，这就是所谓的情绪同步的效果。

那么，面对各种不同类型的客户，作为酒店销售人员应该从哪些方面来保持同客户的情绪同步呢？

(1) 正确对待客户的抱怨

在销售过程中，不论是来自客户的哪种抱怨，我们都应该正确对待。千万不要动火，你的一举一动，直接影响着酒店总体的销售状况、整体的效益。

如果是客户对酒店产品或者服务提出抱怨时，你应该庆幸：这正是考验你能力的大好机会。既不要怕它，也不要讨厌它。客户之所以向酒店销售人员提出抱怨，是因为他们认为这些抱怨必能促使服务得到改善。

从这个角度来说，客户是依赖我们的，我们当然要欣然接受。其实，只要我们能够把抱怨处理得好，顾客对我们的依赖感只会增多，不会减少。让客户获得良好的印象之后，必定会给我们的公司带来更大的帮助。

（2）要与客户保持同喜同乐

每一个人都非常渴望得到他人的尊重和重视，这是非常正常也是很重要的事情。了解了客户的喜怒哀乐，了解了他的心情变化，自然会与你有种亲近感，在心理上更易被接受，随之表现在行动上喜欢与你交谈并购买你的产品。

（3）要与客户保持在语速语调上同步

有的客户说话天生就比较慢，有的人音调比较低沉，有的讲话有停顿，若有所思，有的在同人讲话时，视线总喜欢往下看。

酒店销售人员在与之交谈的过程中，一定要注意把握好说话的语速语调，与客户同步，了解和掌握不同类型的人具有的特征后，你在同客户见面时就比较能够应付自如了，避免出现各说各的尴尬情景。让客户感受到自己在被人尊重，从而对我们建立起信任感，以促成销售成功。

请记住：客户永远是对的！你要站在客户的立场上看问题。与客户在情绪、语速上同步，会让对方产生好感。我们只有认识自己的错误，面对自己的错误，改正自己的错误，才能赢得客户的信任。让客户与你站在同一条战线上，从而，与客户建立起牢固的关系。

5. 争取顾客的认同

能够最大限度地争取到客户对酒店销售人员的认同，是销售工作获得成功的一个至关重要的环节。得到了客户的认同，也就表明客户对我们的产品表示满意。产品能够满足客户的需求，交易成功也就是顺理成章的事情了。

酒店销售人员是否能够及时抓住客户对产品的兴趣，能否准确地将产品的优点、特点、性能等关键点介绍给客户，能否用一套生动顺畅的语言来打动顾客，得到顾客的认同，这些是非常重要的。

在销售酒店产品中，如何介绍产品才能得到顾客的认同，才能引起顾客对产品的加倍重视呢？

（1）尽量同意顾客的观点

顾客就是上帝，他们在消费的过程中会提出很多异议，这些异议正是顾客担心的问题或者是顾客的真正需求。面对这些异议，我们的酒店销售人员千万不能马上反驳，或者试图说服顾客，企图让顾客信服。事实上，顾客从来不会被人说服，顾客只会从心里来信服。最好的办法就是尽量同意顾客的观点，一步一步找出解决问题的方法。

（2）找到与顾客共同的兴趣和爱好点

与顾客谈论共同的兴趣和爱好，能够让顾客对酒店销售人员产生亲切感和信任感。

比如大家有共同的业余爱好，如足球、下棋等爱好，引发顾客对酒店销售人员的认同。俗话说“酒逢知己千杯少，话不投机半句多”，顾客对“情趣相投”的人是相当认同的。

（3）赞美顾客

每个人都希望得到他人的赞美，以满足自己的心理需求。这种赞美应该是真心地、由衷地、真诚地。如果不是正确的赞美，很可能会引起顾客的反感，这样做可能适得其反。真诚地赞美顾客，顾客高兴的同时对你也产生了好感，为顾客认同你的产品做了一个良好的铺垫。

（4）与顾客唠家常

与顾客唠家常，在闲聊中就能够让顾客埋单，这听起来似乎有点匪夷所思。但是，这确实是很多优秀的酒店销售人员成功销售的法宝之一。他们在与顾客“套近乎”的过程中，会让顾客觉得这个销售人员很实在，人品不错，是可以值得信赖的，从而，他们会认为，酒店销售人员所销售的产品也不错，于是就成交了。

（5）找到顾客认同的意见领袖

要知道，顾客一般愿意相信一个德高望重的领袖的意见，他们对意见领袖的选择是非常认同的，并愿意通过与意见领袖相同的选择来体现这种认同。因此，酒店销售人员就要抓住顾客的这种消费心理，先从意见领袖出发。一旦得到了意见领袖的认同，也就得到了大量的顾客的认同。这些意见领袖的带动作用是非常巨大的。

顾客是一个酒店赖以生存和发展的基础，也是酒店利润的来源。酒店销售人员作为顾客与酒店之间的纽带，只有尊重客户、服务客户，搞好与顾客之间的关系，酒店才能稳定地发展。只有做到真心对待客户，心为客户想，情为客户系，利为客户谋，才能取信于客户。

第五节　创造客户吸引力的三把利剑

1. 给顾客快乐的体验

要想让顾客有一种快乐的体验，酒店应该清楚地了解客人的需求，赢得顾客的好感，让他们有家的感觉。

几乎所有的酒店都有标准间，当然也有豪华的套间。而住在汉庭酒店却感觉很特别，汉庭标准间很小，但很精致。

在小巧精致的房间中，小小的玻璃台桌，凳子和台灯用的都是设计很简洁的款式，玻璃台面上放着的除了宾馆常用的水壶、指南、网线等物品外，还有几本提供给客人读的书。另外墙上的平板电视和油画给人的感觉也很不错。房间地方小得连衣柜也没有，衣架就挂在镜子上，但感觉还是很不错。

在大床房里，房很舒适。床头的东西很少，但床靠的这一面墙护板做得很好，床上方的大镜子和光线很好的灯，让人感觉很舒服。侧墙上会有一幅油画。

汉庭连锁酒店是大名鼎鼎的携程旅行网创始人的又一杰作，真的很有想法。顾客经常会用来私人旅行住店，并希望出行带来好心情。这种快乐的体验，汉庭可以说是做到了极致。

2. 良性互动的活动

服务互动是酒店员工与宾客相互影响和交互的过程。首先，服务互动的主体是酒店的员工与宾客。酒店的员工以满足宾客的需求为目标，共同参与在互动的活动中。其次，酒店服务互动发生的背景包括当时具体的情景：人、物、环境、员工的态度、服务技巧和宾客的个性、行为特征以及期望、需求。最后，酒店服务互动的结果，包括双方对服务互动的认识、服务体验、满意程度以及互动中问题解决的效果。

在酒店的服务互动中，酒店员工需要根据客人提出的不同需求进行服务，同样，员工的行为会对客人产生较大的影响。酒店员工的一句贴切的问候、赏心悦目的仪容仪表、训练有素的业务与社交技巧都会使宾客在服务互动中得到享受，使其心情舒畅，得到满足。同时，客户也会更加遵守酒店的有关规章制度，尊重酒店员工的人格与劳动成果。这样就构成酒店员工与宾客之间友好的双向交互性。

酒店员工与宾客的互动不仅会对其他员工和客人双方产生较大的影响，还会对其以后的互动产生影响，从而表现为一个交互的循环过程。酒店的服务互动正是在酒店员工和顾客之间不断地相互影响和循环往复的互动过程中动态发展的。这个过程并不是一成不变的，而是可以调整的，酒店员工应在服务互动过程中积极调整自己的行为、举止、谈吐、服务技巧等，从而有意识地创造与构建积极的、适宜的酒店服务互动关系。

比如，美国的卡尔顿酒店有这样一条经营原则："员工能在个人层次上利用客人反映的信息为宾客提供最优的服务，只要客人有需求，员工应立即放下正常工作，并允许员工在2000美元范围内采取措施，以满足客人的个性情感需求。"这一规定使得该酒店的忠诚宾客数字达24000人次。

服务互动不仅能使酒店在宾客心目中树立良好的品牌效应，提高了宾客对服务的满意度，而且能让酒店的员工体验到自己的价值，留下美好的服务经历，这种双方满意的服务体验也将给酒店带来丰厚的回报。另外，不良的服务互动过程，会引起宾客的不满、投诉，酒店应该采取积极措施，努力避免不良服务互动的产生。

3. 细微服务，意外惊喜

人们在消费之前对产品或服务有一定的想法和要求，这就是期望值。顾客对期望和实际比较后，如果期望值小于实际值，顾客就会惊喜满意；如果实际值远远大于期望值，顾客就会非常惊喜。

我有一位朋友小刘，在广州的一家外企工作。由于要到北京洽谈业务，小刘被派遣到北京工作一个星期。小刘下飞机后住进了君悦来酒店。君悦来酒店向来以周到的服务而备受顾客的好评。

入住的这几天里，小刘也感到非常满意。由于工作太多，小刘已忙得透不过气来，于是把心思全放在了工作的事情上，甚至于忘记明天就是自己25岁的生日。

这天晚上，小刘在外忙碌了一整天后，拖着疲惫的身体回到酒店。还没来得及吃晚餐，回到房间后立即打电话到客房部点餐。谁知，早在小刘入住的当天，细心的前台服务人员已在入住登记表中发现了小刘的生日日期，并立刻联系好客房部与餐饮部的同事，分工合作，共同安排为小刘庆祝生日的有关事情，准备要给小刘一个意外的惊喜。

在接到小刘的电话点餐后，服务人员马上把早已准备好的礼物和贺卡摆放在布置精美的餐车上，并随同小刘所要的食物一并送往客房……

没过多久，送餐的服务员前来敲门。小刘打开门，眼前所看到的情景令她惊喜万分。只见服务员推着一辆铺有美丽淡紫色花布的餐车进门。车上摆放着一束娇艳欲滴的鲜花，还有一个精美的生日蛋糕，蛋糕上的卡通人物非常可爱。生日蜡烛正在燃烧，整个房间都充满了温馨的气氛。这一切都来得十分突然，还没有等小刘回过神来，服务员已把手中的贺卡递给了她，并微笑着致意："祝您生日快乐！"

这时，小刘才恍然醒悟，今天是自己25岁的生日。她激动地对服务员说："真的很感谢你们为我所准备的这一切，我实在太高兴啦！因为工作太忙，我连自己的生日都给忘记了，但是你们却为我安排得这样细心和周到！谢谢！"

服务员回答道："知道您喜欢我们为您所做的安排，那实在是太好啦！"

一个星期的繁忙工作终于结束了，小刘就要返回广州了。在离开酒店的时候，小刘对前台服务员说："再次感谢你们酒店给了我一个难忘的生日。以后有机会，我一定会再来的。"

前台服务员微笑着回答："欢迎您再次光临！"

第五章 服务创新：酒店赢利的助推器

第一节 你的形象就是服务的利刃

服务形象是酒店在提供服务过程中给顾客留下的整体印象。服务形象属于一种软性或无形的东西，它是由酒店给顾客提供无形或利益，贯穿于酒店服务的整个过程。一个酒店要想抢占市场，必须提供良好的服务。未来的竞争就是服务的竞争，服务的因素甚至超过价格因素。

酒店服务员的服务方式、服务功能、服务态度、服务质量等给顾客留下的印象极为深刻。如服务员笑容可掬，彬彬有礼，技艺娴熟，服务周到，会在顾客心中留下极佳的品牌形象，从而提高品牌的美誉度和信誉度，唤来更多的回头客。

服务形象是酒店的活力所在。在明净的店堂内身处温馨的环境中，面对服务员的亲切微笑和耐心服务，会产生一种"宾至如归的感觉，给予顾客如同朋友一般的亲切感，"这种以情感为纽带的温馨服务方式，是酒店必备的服务形象特色。

有些人会有疑问，服务注重的是内容和效果，服务形象还能有什么用处呢?

如果我们把顾客当成观众，把酒店当成舞台，把酒店的员工当成演员的话，外在形象无疑就是演员的服装和化妆，并且会对演出效果产生重要影响。而事实上，对于顾客而言，酒店真的就是一个舞台，员工就是在这个舞台上表演的演员，只不过和真正的舞台相比，员工这里上演的是服务表演罢了。

酒店的服装形象、仪表形象、肢体形象和语言形象共同组成了店铺的服务形象。

1. 服装形象的作用

（1）角色识别的作用

试想一下，如果在酒店里，服务人员和顾客的穿着打扮一个样子，顾客想找到身边的服务人员，难道需要大声喊叫和打听吗？相反，如果这里的服务人员都穿着制服，而且把不同职责的员工塑造出不同的形象，顾客便能一眼看出该找谁服务。

（2）环境营造作用

服务人员的外在形象也是整个酒店环境的一个组成部分，身着整齐统一的工作装，一样的打扮，一样的气质，本身就是一道赏心悦目的美景，并带给顾客愉快的感受。

（3）职责提醒作用

服务人员身着统一的制服，有利于提醒自己作为一名工作人员，应该切实履行自己的工作职责，肩负起为顾客服务的工作使命。身为一名军人，当他穿着军装的时候，就会按照军人的标准要求自己；身为一名警察，在穿着警服的时候，就要履行一名警察的职责；身为一名酒店服务人员，在身着工作制服的时候，就要自觉地履行自己的服务职责。

（4）增强自信作用

良好的外在形象能起到增强自信的作用，我们常常会有这样的体验。比如，当你把自己打扮得很好的时候，走起路来都显得更精神，遇到别人时就会更自信些。为了增加自信，人们常常在一些重要场合穿上自己最好的衣服。良好的外在形象之所以具有增强自信的功能，原因在于良好的外在形象能使别人对你产生好感，别人对你欣赏的眼光反馈到你这里，就能产生被欣赏所带来的自信心的增加。

由于服务人员统一形象具有上述重要作用，因此，很多服务型企业都高度重视员工的形象问题，不惜投入很大的精力和财力为员工设计、制作漂亮合体的制服，有的还请专业礼仪老师对自己的员工进行专业化的形象礼仪培训，以期塑造企业的专业化美好形象。因为塑造最好的员工服装形象是塑造服务形象最直观最有效的方法。

2. 仪表形象的要求

酒店的服务人员要给顾客留下良好的第一印象，使他们认可这一服务形象的话，应具有整洁、温馨的仪容仪表。酒店的服务人员在工作中的着装修饰、仪容仪表，必须在尊重自己和尊重顾客的基础上，突出自己的职业性、服务性，力求给顾客留下温馨美好的第一印象。

（1）发型不能怪异

顾客到酒店去消费，并不是去欣赏服务人员的怪异发型的。因此，作为职业要求，无论男女，酒店服务人员的发型都应从众，头发干净、梳理整洁，发型不得夸张，不能标新立异。

对于女服务人员具体要求如下：应选择短发、马尾辫、烫发等较为保守型的发式，刘海儿不要把脸遮住，不染夸张发色，过肩长发要扎束于脑后，发夹要用单色，以深色为最佳，提倡加适量发胶、摩丝，头发不得有头屑。

对于男服务人员来说：最好是短发，头发不能长过耳朵，不要蓄长发，也不要剃光头，发色以黑色为最佳，不可染夸张发色，不能有过分修饰，避免给顾客以油头粉面的感觉。

（2）面部洁净自然

作为直接面对顾客群的服务人员，面部修饰的第一原则是洁净，同时要保持卫生和自然，给顾客以朝气蓬勃、诚实可信的感觉。

作为一个服务人员，应该如何修饰自己的面部呢？

对于女服务人员而言，要化适当的淡妆，口红、眼影须统一色调，不可浓妆艳抹，也不要不化妆；须对自己的面部皮肤、眉毛、眼角、耳朵、鼻头、口腔等做定期的检查和修饰保养，如眉毛的梳理、清洁，鼻部“黑头”的清理等。

对于男服务人员来说，选择合适的护肤品对脸部进行保养，及时清除过长的眉毛、耳毛、鼻毛、汗毛，保持口腔的清洁卫生。若无特殊的宗教信仰或民族习惯，须坚持每天上班前剃须，不能留长须，不可戴深色眼镜。

（3）着装大方优雅

这里指的着装是针对那些没有配发统一服装的酒店。

服务人员服装的选择是有标准的，一是整洁，二是得体，三是易于工作。

着装也是一种无声的语言，它显示着一个人的个性、身份、角色、涵养、阅历及其心理状态等多种信息。在服务人员工作中要符合一定的着装原则。

第一，要和所处的环境相协调。当人置身在不同的环境、不同的场合，应该有不同的着装，要注意穿戴的服装和周围环境的和谐。服务人员的服饰穿着要整洁得体，且要与工作环境和特点相统一。

第二，要和身份、角色一致。每个人都扮演不同的角色、身份，这样就有了不同的社会行为规范，在着装打扮上也自然有规范。当你是服务人员时，就不能穿一些过分出镜的服装，以免有抢顾客风头的嫌疑。

第三，要和自身“条件”相协调。要了解自身的缺点和优点，用服饰来达到扬长避短的目的。所谓“扬长避短”重在“避短”。比如身材矮小的适合穿造型简洁明快、小花形图案的服饰；肤色白净的，适合穿各色服装；肤色偏黑或发红的，忌穿深色服装；肤色偏黄的，最好不要选和肤色相近的或较深暗的服装，如棕色、深灰色、土黄色、蓝紫色等，它们容易使人显得缺乏生机等。

第四，要和着装的时间相协调。只注重环境、场合、社会角色和自身条件而不顾时节变化的服饰穿戴，同样也不好。比较得体的穿戴，在色彩的选择上也应注意季节性。如春秋季节适合选中浅色调的服装，如棕色、浅灰色等。冬季可以选偏深色的，如咖啡色、藏青色、深褐色等。夏装可以选淡雅的丝棉织物。

（4）饰品的要求

饰物是指人们在着装时，同时选用的可供佩戴的装饰性物品，对人们整体的穿着打扮有辅助、烘托、陪衬和美观的作用。

那么，在佩戴饰物时又有哪些具体要求呢？

首先是少而精。即正在工作岗位服务的服务人员，佩戴时，一般不宜超过两个品种；佩戴某一具体品种的饰品则不超过两件。

其次是男性服务人员尤其没有必要佩戴饰品。

最后是穿制服时，要求不佩戴任何饰品；穿正装时，要求不佩戴工艺饰品，如造型为骷髅、刀剑等的另类饰品；工作时要求不佩戴珠宝饰品，以减少不必要的麻烦。

第二节　好服务是设计出来的

1. 差异化服务的误解

（1）误解一：只要质量好就会生意好

很多酒店的管理者认为，酒香不怕巷子深。事实上，有些酒店的产品和服务并不差，生意却没有达到预期。

在山东济南的一家酒店，生意一直不温不火，酒店经理就找了几位餐饮专家和宾客代表座谈，才发现问题所在，他们的海鲜菜品与净雅大酒店的比还有差距，粤菜的口味不如顺峰海鲜城。济南的宾客在选择餐厅时，想吃海鲜肯定去净雅，想吃粤菜肯定去顺峰。该酒店的症结是在于缺乏特色。

（2）误解二：差异化会缩小市场份额

早在 2006 年，王明述接过了山东中豪大酒店的总经理职务，他一上任就要求酒店不再接待婚宴、不卖月饼，很多员工认为不可思议，因为中豪大酒店每年有 500 万元的婚宴市场，100 多万元的月饼收入。如果不再接待婚宴、销售月饼，这 600 万元的市场将会拱手让给其他酒店。

但到了年底，中豪大酒店不仅没有减少营业收入，而且当年营业收入增长了 1000 多万元，客房收入增长更加明显。原因在于采取了差异化战略。

每个酒店的资源是有限的，不同类型的宾客对酒店的服务提出了不同的要求。一旦满足一种类型宾客，可能就难以满足其他宾客。比如婚宴宾客和商务会议的宾客的要求有很大的不同，只能“鱼和熊掌不可兼得”了。

王明述认为，中豪大酒店不接待婚宴，主要有以下几方面：一是酒店没有宴会厅符合婚宴接待的需要，一般都选用多功能厅，对酒店设施设备的损坏较大，并且给婚宴宾客造成不好的印象；二是济南市酒店婚宴的档次比较低，高投入，低产出；三是宾客对酒店环境的破坏性强，影响商务客源市场。

（3）误解三：有些服务无法差异化

实际上，酒店每一个环节都能够差异化，而且会无穷尽。海底捞作为火锅餐厅，在产品上很难差异化，都是粗加工的原材料，放到锅里煮。但是，海底捞餐厅在很多方面进行了差异化，比如在最后上面条时，不像其他火锅餐厅把现成的面条端上，而是有一个拉面师傅在你面前用一根面进行表演，直到让宾客响起掌声才利利索索地把面条放入锅中，这就是服务中一点一滴的差异化。

2. 服务创新的切入点

（1）独特的核心产品

王大悟曾介绍海南保亭君澜温泉大酒店，君澜酒店的菜单上没有烹饪方法、没有主配料搭配、没有文字艺术，就只有原料名称，这样别致的菜单在全球恐怕仅独此一家。翻开菜谱，一道道令人好奇的菜名勾起人们的食欲：不回家的牛、睡在树上的鸡、五条腿的猪、会飞的鸭、温泉边的鹅、会冲浪的鱼、泡温泉的蛋……

光看这些名称，就知道这些菜都是生态型的农家菜。在每道菜下面都有简单的注释，如“五条腿的猪是野猪与家猪杂交的品种，放养于田野山林之中，以野果地瓜为食，由于鼻子长而腿短，远看形同五只脚。红烧、红焖、干煸均可，味道很棒！”

餐饮的竞争其中很大程度上是原料的竞争，这就是差异化战略的具体表现形式。

餐饮如此，客房亦如此。

比如，一些国际知名酒店的豪华装修，都下了很大工夫，客房的床绝对不会从市场上采购一些成品的床垫和席梦思，而是根据自己的研究开发出适合自己客源市场的睡眠系统，像索菲特精心打造的“MyBed”，采用美国安睡宝超轻羽绒被和4款特色枕头为每位客人打造完美的梦境。卫生间里的欧舒丹及爱玛仕护理用品，那清爽的马鞭草芳香，让人心旷神怡。

（2）服务环节特色化

酒店服务有很多环节，如果其中一个环节变化往往给人耳目一新的感觉。比如假日集团的叫醒服务，他们不仅按照酒店通行的叫醒程序，而且还在宾客接听叫醒电话时，询问宾客是否需要当天的免费的报纸和热咖啡。添加这一个环节会让叫醒的宾客不至于再倒头大睡误了行程，同时，还满足了宾客需要，让宾客记忆犹新。

中豪大酒店在果盘服务环节上进行了创新，服务人员在为宾客摆放果盘的同时摆放水果卡，让宾客选择自己喜欢的水果，一是更好地满足宾客需要，更重要的是不产生浪费。

还有中餐宴会上菜顺序环节上，也可以创新。我们通常的做法，一般先上凉菜，再上大菜，然后上炒菜，最后才上鱼、面食和水果。但在实际宴会过程中，经常出现，宾客刚刚入席就开始饮酒，对胃刺激很大，同时最后才把名贵的鱼上上，宾客集中于敬酒，很少再有人品尝。这种通常的上菜方式既不利于保护宾客的身体健康，且也造成了浪费。如果上菜顺序调整为，餐前水果，餐后茶，中间上饭，鱼中插。这样既符合养生的需要，又能让宾客享受到美食，两全其美。

（3）环境的独特性

有些服务，如果缺少了环境的烘托就很难提供。比如，有很多主题酒店就是通过塑造一定的场景和氛围来区别于其他酒店的。

威尼斯人大酒店把威尼斯的风情和威尼斯的著名运河延伸到了酒店之内，游客可以乘坐刚朵拉船在酒店的商店长廊中沿着水道泛舟徜徉，两岸的教堂、民居、街巷、商铺、餐馆鳞次栉比。即使你没有去过威尼斯，酒店也可以给入住的宾客一种刚结束游览威尼斯的感觉。

各地的酒店可以充分利用当地的文化，创造独特的场景和氛围，会收到不错的效果。例如上海首席公馆酒店，该酒店的地址位于上海历史名区新乐路（原法租界），蕴含着丰富的历史文化气息，而且酒店里有300余件货真价实的百年历史珍藏品在大厅内展示，让下榻的宾客一下子又回到了20世纪三四十年代的老上海。

3. 酒店个性化服务

个性化服务是指酒店提供有自己个性和特色的服务项目，即以客人需要为中心，提供各种有针对性的差异化服务及超常规的特殊服务，以便让接受服务的客人有一种自豪感和满足感，并赢得他们的忠诚。

个性化服务不但强调满足顾客的个性需求，即在全面考虑顾客不同个性与需求的基础上，有针对性地设计与提供产品，同时强调表现服务人员的个性，因为顾客个性需要的满足依赖于服务人员的个性化表现。

随着酒店竞争的日趋激烈，酒店管理者意识到了“服务质量”才是酒店竞争的关键。于是，个性化服务成了酒店业竞相提出的口号。

比如，酒店客房日常工作中的个性化服务。绝大多数客人晚上休息时，喜欢将遮光窗帘拉合好，才会睡得甜，因而客房服务程序中规定对住客房间开夜床。然而有的客人却因一天的工作劳累，常常一觉到天明，为了不影响第二天的繁忙工作，希望将遮光窗帘中间留出一条缝，这就需要细心的服务员发现、分析、判断，在夜床服务时提供客人满意的服务。

总而言之，个性化服务是一种有针对性的服务，依据各种渠道对资源进行收集、整理和分类，向用户提供和推荐相关信息，以满足用户的需求。

个性化服务要真正体现在酒店日常的管理和服务之中，而不是只表现在某一个具体的项目、一个规章制度或者一个口号上。酒店要建立准确完整的客户档案、加强员工的培训、巩固各部门的沟通协助、不断完善硬件设施都是必须具备的。员工要熟悉酒店规范化程序和各岗位操作规程、了解相关业务知识、助人为乐、善于理解顾客的真实需求、注重细节。

第三节　在不经意间传递服务

没有客户的服务是不存在的，没有忠诚客户的服务只能停留在“刀耕火种的原始生产”阶段。作为一名酒店服务人员，必须充分认识到忠诚客户的价值和作用，更加全面、深入地了解客户、维护客户，这样才能在激烈市场竞争中获胜。

1. 别让老客户流失

一些酒店的管理者经常诧异地说："不久前与客户的关系还好好的，一会儿'风向'就变了，真不明白。"客户流失已成为很多酒店面临的尴尬，他们都知道失去一个老客户会带来巨大损失，也许需要再开发十个新客户才能予以弥补。但当问及客户为什么流失时，很多酒店管理者却一脸迷茫，谈到如何防范，他们更是诚惶诚恐。

著名的肯德基快餐店为了发现自身存在的问题，经常雇一些人，装扮成潜在顾客，报告潜在购买者在购买公司及其竞争者产品的过程中发现的优缺点，并不断改进。

肯德基的子公司遍布全球 60 多个国家，近一万个，如何保证下属企业能循规蹈矩呢？一次，上海肯德基有限公司收到了 3 份总公司寄来的鉴定书，对他们外滩快餐厅的工作质量分 3 次鉴定评分，分别为 83 分、85 分和 88 分。分公司中外方经理都为之瞠目结舌，这三个分数是怎么定的呢？原来，肯德基国际公司雇用、培训一批人，让他们佯装顾客潜入店内进行检查评分，来监督企业完善服务。

这些佯装购物者提出一些问题，以测试企业的服务人员能否适当处理。例如，一个佯装购物者对餐馆的食品表示不满意，以试验餐馆如何处理这些抱怨，以亲身体验作为"客户"所受到的待遇。

从上面的案例中可以看出，客户的需求不能得到切实有效的满足往往是导致客户流失的最关键因素。一般来讲，一个酒店的销售人员要从以下几个方面入手来堵住客户流失的缺口。

（1）实施全面质量营销

顾客追求的是较高质量服务，如果我们不能给客户提供优质的服务，顾客就不会对酒店满意，更不会建立较高的顾客忠诚度。因此，酒店应该不断提高服务质量，客户满意和酒店赢利方面形成密切关系。另外，在竞争中为防止竞争对手挖走自己的客户，战胜对手，吸引更多的客户，就必须向客户提供比竞争对手具有更多“顾客让渡价值”的产品，这样，才能提高客户满意度并加大双方深入合作的可能性。为此，酒店服务人员会从两个方面改进自己的工作：一是通过改进服务和形象，提高服务的总价值；二是通过改善促销网络系统，减少客户购买产品的时间、体力和精力的消耗，从而降低客户货币和非货币成本。

（2）提高市场反应速度

酒店服务人员要始终保持市场反应的速度。善于倾听客户的意见和建议。客户与酒店服务人员之间是一种平等的交易关系，在双方获利的同时，还应尊重客户，认真对待客户提出的各种意见及抱怨，并真正重视起来，才能得到有效改进。在客户抱怨时，认真坐下来倾听，扮好听众的角色，有必要的话，甚至拿出笔记本将其要求记录下来。要让客户觉得自己的意见被重视了。还应及时调查客户的反映是否属实，迅速将解决方法及结果反馈给客户，并提出请其监督。

（3）准确分析客户流失的原因

对于流失的客户，酒店服务人员要了解发生这种情况的原因。客户流失，有些是酒店销售人员无能为力的，如客户离开了当地。除此之外，像客户发现了更好的产品、供应商的问题或产品没有吸引力，这些都是酒店销售人员可以改进的。一般而言，获取一个新客户的成本是保留一个老客户的5倍，而且一个不满意的客户平均要影响5个人，以此类推，酒店销售人员每失去一个客户，其实意味着你失去了一系列的客户，其口碑效应的影响是巨大的。

（4）与客户建立关联

酒店销售人员会向客户灌输长远合作的意义。与客户合作的过程经常会发生很多的短期行为，这就需要酒店销售人员对其客户灌输长期合作的好处，对其短期行为进行成本分析，指出其短期行为不仅给酒店带来很多的不利，而且还给客户本身带来了资源和成本的浪费。

酒店销售人员应该向老客户充分阐述自己酒店的美好远景，使老客户认识到自己只有跟随酒店才能够获得长期的利益，这样才能使客户与酒店同甘苦、共患难，不会被竞争对手短期的高额利润所迷惑。

（5）深入与客户进行沟通，防止出现误解

酒店销售人员能及时将酒店经营战略与策略的变化信息传递给客户，便于客户工作的顺利开展。同时把客户对酒店产品、服务及其他方面的意见、建议收集上来，将其融入酒店各项工作的改进之中。这样，一方面可以使老客户知晓酒店的经营意图；另一方面可以有效调整酒店的营销策略以适应顾客需求的变化。通过定期调查，直接测定客户满意状况。比如通过电话向最近的买主询问他们的满意度是多少，以更好地改进，赢得客户满意，防止老客户的流失。

（6）不断优化客户关系

感情是维系客户关系的重要方式，日常的拜访、节日的真诚问候、婚庆喜事、过生日时的一句真诚祝福、一束鲜花，都会使客户感动。交易的结束并不意味着客户关系的结束，在售后还须与客户保持联系，以确保他们的满足持续下去。

防范客户流失工作既是一门艺术，又是一门科学，它需要酒店销售人员不断地去创造、传递和沟通优质的客户价值，这样才能最终获得、保持和增加客户，锻造销售人员的核心竞争力，使其拥有立足市场的资本。

2. 提供最优质的服务

服务对于酒店销售业绩的提升有着非常重要的作用。酒店不单单要为客户提供服务，更要为他们提供高档次的服务。不仅仅是要满足客户的最基本的需求，同时还要让客户感到一种享受，就是强调尊重并理解客户的情感，满足客户的心理需求等服务特质。更具体地说，强调服务人性化，是指强调那些对客户们而言“小得不能再小的心理细节”。

在社会和技术日趋进步的今天，不但要以最快的速度推出客户所需要的服务，也要尽快地挖掘出客户的潜在需求并开创出相应的服务以吸引和保留更多的客户。

美国营销学家维特曾说过，未来竞争的关键不在于企业能生产什么，而在于商品能提供多少附加值。由于社会信息的畅通和市场运作的规范，各家酒店在商品、价格、渠道和促销等方面相互模仿与借鉴，竞争空间日益狭小。同时，随着消费者消费意识的觉醒与消费知识的丰富，商品市场不断完善与成熟，酒店想要赢得长久的竞争优势就需要更新原有的营销观念，向更高层次迈进。这种全新的经营理念就是为目标客户提供超值服务。

当然，服务不仅仅是指酒店制造出商品价值和提供服务本身附加值，更重要的是要创造符合客户价值评判，超出客户期望值的服务，要主动以爱心、诚心、耐心给予客户更多的人性化的关怀，为客户建立起友好的亲情关系，增强客户对企业的信赖感，达到实际上不为其他竞争对手所动的程度。

如今是以服务取胜的年代，让客户满意是这个时代酒店活动的基本准则。服务甚至可以说成了一项酒店形象工程。作为一名出色的酒店服务人员，你的服务首先就要“超越销售”，不断外延商品的附加值，主动增加服务功能与品种，提供快速便捷的服务，随时做好准备提供各种意想不到的服务和某些特殊服务。其次要加强对客户的“消费沟通”，向客户提供知识化、信息化的服务。最后是要提供“温馨服务”，以情感化、人性化的销售行为培育客户，让客户时刻感受到实实在在的真诚享受。

具体地来讲，一个卓越的酒店服务人员要能做到以下几点：

第一，重视客户。不论是作为客户服务或是作为其他的行业，重视客户是非常重要的。拥有忠实的客户群，是一家酒店成功的必要因素。而作为酒店服务人员就更需要重视任何一个客户，让客户感受到满意的服务。

第二，确立超值服务的理念。应该掌握超值服务的理念，以指导自己的服务实践，为客户带来超值享受，确保客户的忠诚。

第三，耐心细致，态度要和蔼可亲。在提供服务时应该让客户感觉到你是真心为他服务，而不是敷衍塞责。这就要求酒店服务人员在提供服务时态度一定要好，对客户的问题要及时耐心地解答。良好的沟通是提供良好的客户服务的关键。当客户致电投诉或反映问题时，是希望得到重视，得到帮助，我们要设身处地为客户设想，体会客户的感受。

第四，细心观察，捕捉客户的超值服务点。通过细心观察了解客户真正关心的问题、困难，然后给客户提供帮助，这是赢得客户忠诚最好的办法。

第五，服务一定是在自己力所能及的范围内进行，防止不切实际的承诺或盲目的行动。

3. 消除客户的所有抱怨

尽管你觉得对工作非常尽心，对客户也无比热情，但还是会遇到一些客户对你沉着脸，或是事事与你作对，甚至投诉到你的上司那里去。难道这些客户在无理取闹?

到底是谁点燃了“上帝”，主要是因为以下几个方面：

（1）因酒店产品品质引起的投诉

当酒店有诸如饭菜质量不佳、客房功能欠缺、价格失当等问题，客户会提出投诉。这种投诉是客户合理合法的投诉，对于酒店服务人员来说，应该实事求是地予以解决。

（2）因服务方式、态度引起的投诉

这是最容易招致客户投诉的原因之一，比如说服务态度不好、服务礼仪不当、服务信誉不佳，都可能招致客户的投诉。比如说言语不当、反应不得体，还有不顾客户的反应、不理会客户的疑问和异议，等等。

如果客户的抱怨是正常和合理的话，又应该如何处理呢?

酒店服务人员要做的就是“先处理客户的情感，再处理客户的投诉”。而整个投诉处理的过程可以分为以下四个过程：

（1）H（Hear）：有效倾听，接受批评

在接待和处理客户投诉时，服务人员首先要做的就是耐心倾听，让客户把他心里要说的话说完。随意打断或者插话，都有可能遭到客户的反感。让客户充分地倾诉他的不满，并以肯定的态度诚恳地听他们说完，至少可以让客户在精神上得到一丝安慰。如果我们一味地打断或者辩解，只会压抑别人说话，使当事者在心理上产生反抗情绪，甚至变得激动，无法控制。

（2）A（Apologize）：巧妙道歉，平息不满

客户既然有所投诉，必然有所不满，无论是什么原因，服务人员都应该对客户进行道歉。如果服务人员能够巧妙道歉，那么投诉事件就能得到有效的平息；相反，很可能会将事件扩大，负面影响也将扩大。

（3）K（Know）：调查分析，提出方案

处理客户的投诉不能仅仅局限在倾听和道歉上面，而是应该切切实实地对客户所提供的情况进行调查分析，提出正确的解决方案。这就要求服务人员懂得听出客户投诉的弦外之音，了解客户投诉的真正动机。

（4）S（Solve）：执行方案，再次道歉

在处理客户投诉时，一旦了解客户所投诉的真正原因，就应尽快着手处理，不仅要提出可执行的方案，而且还要对客户进行再次道歉，特别是当客户离去的时候，一定要再次表示歉意。

客户之所以会投诉是因为他们对服务不满，服务人员应该从“保证客户满意”这一服务理念出发，认真谨慎地对待每一次客户投诉。

4. 永远与客户在一起

中国有句古话：“一诺千金。”服务人员在与客户沟通中要守信，说到一定要办到，这样才会赢得客户的信任，同样客户也才会遵守承诺。

“承诺的事情一定要做到！”这句话现在已经成了很多酒店服务人员的信念。因为他们知道，要想和客户永远在一起就一定要守信。

酒店服务人员应始终记得：提供给客户的永远超过承诺给客户的，千万不要做过分、过多的承诺，管理好客户的期望值！

有些酒店人员，只要客户提出要求，认为差不多能做到就立即答应，结果会如何呢？结果是造成客户的投诉和抱怨，甚至永远失去这个客户，所以欲速则不达。

不仅承诺的事情要做到，还要诚实正直。要知道没有人愿意与虚伪的人长期合作。现在的信息很发达，客户可以通过多种渠道对酒店进行了解和考察。

对竞争对手的评价，最能折射出服务人员的素质和职业操守。遇到客户询问竞争对手时，服务人员最好保持客观公正的态度进行评价，不隐藏其优势也不夸大其缺点，让客户从你的评价中感受到你的素质和修养。记住：贬低别人并不能抬高自己。

诚实、正直、信守承诺、实事求是、客观公正，这些闪亮的品质都会帮你在

客户那里获得加分。当然有了这些还是远远不够的，还要充分地利用多种交流方式让客户和自己紧紧地黏合在一起。

服务人员最常用的维系关系的方式有以下几种：

（1）电话

打电话是与客户保持联系的最常用、最有效的方法。服务人员在工作中应多给客户一些时间，多打一个电话给客户，逐步加深客户对你的印象，进而建立互相信任的关系。在此过程中，服务人员还应根据客户的具体情况灵活设计每次通话内容，要有耐心，切不可急功近利。

（2）电子邮件

网络时代的来临，使得电子邮件成为既方便又快捷的重要沟通工具。通过群发电子邮件，可以与所有的客户保持一种比较密切的联系，节日问候、新产品介绍等都可以通过电子邮件来完成。另外，酒店可以制作酒店简讯，由服务人员定期向客户发送，通过这种形式不让那些暂时没有需求的客户忘记自己。通过电子邮件与客户保持接触要注意以下几点：征求客户的意见，在得到客户允许后再发电子邮件；慎重选择简讯内容，最好是对客户有价值的信息；简讯制作要专业、醒目；电子邮件要体现出个性化。

当然，除了发送酒店简讯外，服务人员还可根据客户的特点、兴趣点，通过电子邮件发送能够帮助客户或客户感兴趣的内容，甚至还可以在网上下载一些FLASH 动画、幽默笑话、重大新闻等，让客户在紧张的工作之余轻松一下。试想，当客户会心一笑的时候，能不关注是谁带给他快乐的吗?!

（3）短信

短信问候也是一个比较好的与客户保持长期接触的方式，最常见的是节日问候和生日祝福等。

（4）在线聊天

网络的发展，使得在线聊天已经成为一个被普遍应用的交流方式。QQ、MSN 等交流工具为销售人员与客户的沟通提供了便利性，而且也更容易让服务人员与客户成为朋友。所以，服务人员申请一个 QQ 号码或者 MSN 号码是有必要的。但是，网上聊天比较费时间，效率也低，服务人员应该把握一定的度。

(5) 传真

传真在很早的时候用得较多，现在随着互联网的发展，传真正逐步被电子邮件所取代，但对于部分还不太习惯使用电子邮件的客户来讲，传真也是有效的跟进及建立联系的方式。

(6) 信件/明信片

很多酒店服务人员用电子邮件的方式代替明信片和手写信件，成本更低、效率更高。不过，传统的手写信件/明信片在服务中确实也有着不可估量的作用，毕竟现在生意人收到信件的数量在大大降低，此时销售人员采用信件/明信片方式可以给客户与众不同的感觉，而且手写信件/明信片可以与电子邮件搭配使用。

(7) 邮寄礼品

节假日来临的时候，通过短信或电子邮件向客户问候的方式已非常普遍。除此以外，在条件允许的情况下，服务人员最好能给客户寄些实用的礼品，这是实施情感销售的一个必要环节。

第六章　赢利模式：酒店赢利的生死符

第一节　基层人员如何管控

酒店管理者加强执行就要遵循“执行管控四步骤”，分别是：第一步，布置工作要遵循结果导向；第二步，责任要具体落实到人；第三步，定期或不定期地检查评估；第四步，随时奖罚激励。

1. 布置工作要遵循结果导向

（1）什么才是真正的结果

请问酒店经营要的结果是什么？当然是利润。酒店为什么会付你薪酬？因为它要购买你的劳动力。在市场经济下，劳动力是一种商品，我们的工资就是劳动力的价格。从本质上讲，员工和公司之间是一种商业交换关系，员工拿结果跟公司交换薪酬。

既然我们靠“结果”与企业交换收入，那么，“结果”这种商品就必须符合商品的基本属性。在市场经济下，“商品”有三种属性：首先，商品必须是有价值的劳动产品，衡量价值的客观标准就是有没有人愿意“要”；其次，商品必须是用于交换的劳动产品；最后，交换价值的大小取决于客户愿意为此付多少钱。因此，产品必须可以量化。

（2）怎么做到结果导向

不少酒店管理者很容易被下属忽悠，下面这句就是天大的谎言：“我不敢保证结果如何，但我一定尽力而为，哪怕结果不一定好，但我一定要做到问心无愧。”

面对下属这样的回答，也许有人会觉得这已经不错了，人家答应尽力了，你还要怎样？

但是，我认为，这样的回答是完全不够的。因为这样的回答看不到任何责任制约。员工没有责任制约，执行力就一定会出大问题。假设这名员工抱着这种不负责任的心态来过马路，绿灯亮了，他经斑马线横穿马路，突然有一辆车闯红灯飞奔而来，一下就把他撞飞了。

从交通责任的认定上，这名员工没有任何责任。但结果是什么？他被撞飞了。在这一起事故中，肇事者必然要受处罚，但这名员工这种大意的心理也不可取。人的生命是属于自己的，而且只有一次。因此，无论在什么情况下，每个人都要对自己的生命担负100%的责任，就算绿灯亮了，你也必须注意四周的路况。

通过过马路这件事，知道你真正要的结果是什么？表面上看是要过马路，其实你真正要的结果是安全地通过马路到达对面。当你正确地给自己定义后，你就一定会提醒自己要小心谨慎地通过马路。

这告诉我们一个道理，要做到结果导向，第一步就是在每天每次的工作安排中，让下属明确这件事的结果是什么；并且大胆直接地要求下属给结果。也就是让员工懂得，在公司里，我们要的不是做事，而是要做事后的结果。

2. 责任要具体落实到人

结果导向让员工明确了做正确的事。懂得了做正确的事，并不一定就能把事情做好。要把事情做好，取决于员工对这件事负责任的程度。那么，如何才能做到责任到人呢？

（1）防止责任被稀释

所谓责任稀释定律，是指责任在人多的环境中，就会像化学溶剂一样被稀释。人越多，责任就被稀释得越多。

心理学家曾经做过一次研究。他们让一个人在大街上模拟癫痫病发作，如果只有1个旁观者在场时，病人得到的帮助的概率是85%；而有5个旁观者时，他得到帮助的概率却会降低到31%。

在另外一个实验中，心理学家让一个建筑物的门底冒烟。如果只有1个人在场，这个人报警的概率是75%；如果看见冒烟的是3个人，报警的概率就会降低到38%。

这两个实验与我们的常识完全相悖。在我们看来，千斤重担众人挑，人越多，问题就越容易被解决掉，可是科学实验得出的结论完全超出了我们的常识。为什么会这样？从责任的界定上，我们很容易看到问题的真相。首先，人越多，每个人越感到这件事与己无关。大家都会想："其他人一定会帮忙的，说不定他们已经打电话叫警察了。"每个人都会觉得自己的责任感降低了，每个人都以为责任是别人的，结果却是没有人担负起责任来；其次，人越多，每个人越感到超出自己能控制的范围，导致每个人都在观望，每个人都在猜测：你们是在玩耍，还是在拍电影？

由此，我们就不难理解经常看到的新闻：大街上人来人往，众人在围观别人打架，无人制止；一名歹徒仅凭一根木棍就打劫了长途汽车上的全部乘客。

如何防止责任被稀释？解决方法就是一定要把责任明确到具体某一个人身上，并且告诉他，这件事很重要，要是误了事，唯你是问！

在给一家酒店的咨询中，该酒店的老板问我："怎么样才能招到有责任心的员工？"因为在他看来，有责任心的员工越来越少了。我告诉他，什么是责任稀释，他很快找到了答案。

（2）防止责任被转移

酒店经理每天一上班，都会碰到无数这样的提问：

"经理，昨天你布置我做的事，现在有一些新情况，你看怎么办？"

"经理，对方酒楼又在搞大规模促销了，我们要不要跟进？"

"经理，客户要我们打折，我们怎么办？"

……

酒店经理大概会有两种回答方式：一种是，你把具体情况告诉我，让我想一想……另一种是，他干脆直接说："这么点小事都处理不好，应该……"

如果这样回答，结果将会怎样呢？在第一种情况下，下属会时不时地来催促你：“经理，你想得怎么样了？”要是拖延的时间长了，下属甚至埋怨你：“经理，我们所有人都在等你呢！”

在第二种情况下，去检查下属的结果，发现出了问题，经理就责怪问：“这个事情你怎么做成这个样子呢？”下属会很快就顶回来：“还不是按照你告诉我的方法去做的！”

经理困惑了，究竟是谁管理谁呀，究竟是谁领导谁呀，究竟是谁催促谁呀，究竟是谁埋怨谁呀？

在人性中，人人都存在着“回避风险”的倾向。责任就像是一只猴子，只要员工一提问，转眼之间，它就可能跳到你的身上。如何防止责任被转移？办法有二。

首先，“授渔不授鱼”：多给方向和原则，少给方法。因为指导越细，下属的责任就越少。下面考考你：下属的提问，你该如何应对？

其次，重要的事情流程化。所谓流程化，就是确定事先做什么，事中做什么，事后做什么。员工按照流程标准照做。

3. 定期或不定期检查评估

检查评估就是要帮助酒店真正地去解决执行中发生的问题，是酒店真正把执行落到实处的最关键的一环。

（1）人们不会做你希望的事，只会做你要检查的事

经常听到酒店经理这样抱怨：“那个小李辜负了我的期望，我对他如此信任，又给了他这么好的机会，他怎么做成这个样子呢？”

仔细了解一下这位经理的管控过程，原来他给小李授权完毕后，说：“小李，你是我部门最棒的，我最相信你，不要辜负我的期望哦。”之后，没有检查，没有监督。等到结果出来后，两眼一翻，迟了！

碰到这种情形，IBM前总裁郭士纳有一句名言：“人们不会做你希望的，只会做你检查的。”

检查是管理者最重要的工作。比如，如果高考不考历史地理，你还会去认真学习历史地理吗？答案是不会。不管怎么强调历史地理有多重要，我想也难以激

起你的积极性，同样也无法引起老师的重视。考试制度在管理上就相当于我们的检查系统。所以，你希望下属做什么，就要随时对他进行检查和监督。

如果缺乏检查，下属最后做事的结果不是我们想要的，那么，责任应当由谁来负？应当由管理者负。这样似乎有些不公平，明明是员工做不到，怎么要由管理者负责？

道理很简单，作为团队领导，应当对团队的过失负责。所以管理者一项重要的工作，就是检查。如果你的团队做了某些事情达不到你的要求，那么主要责任在于你。请问，你有制定一套流程来检查他们所做的工作吗？如果你已经制定了这么一套检查制度，那么，你有落实到每月每周甚至是每天对他们偏离目标的行为加以纠正吗？

（2）最好的检查是自检

某连锁酒店经营品牌为了加强对下属全国连锁店的监督管控，总部决定开展大巡查。在还没有开始行动前，总部的高管就开始担心了。

“各个店长都很聪明，上头做检查时是一个样，在不做检查时，又是另外一个样。就算耗费大量的人力物力在全国突击检查，他们都会串通起来做表面文章，还不是白费劲！”

在我的建议下，酒店总部成立了稽查小组，小组成员由总部高管和抽调个别酒店店长组成，定期到各店检查。稽查组的每个成员都带有一份表格，记录每一家店的事实和数据，根据计算方法自动生成分数，对发现的问题当场进行纠正，然后由店长签字表示确认。稽查组还要把一线员工的问题带回来，然后依照公司的奖惩机制做出奖罚，并在例会上对发生问题的店面店长进行通报批评。

这样做收效很明显，但是一段时间后就产生了新问题：一是这么多店，耗时耗力耗费太多，成本过高；二是检查时好，不检查时又老样子。为了解决这一问题，改定期检查为随时检查。稽查组只有在出发时才知道要去检查哪个店，随机性和临时性都很强。

店长们立刻紧张起来了，于是各店纷纷自发成立了自检小组。自检小组才是公司真正想要的检查系统。于是，酒店总部对此大加鼓励，并让各店将每周的自检报告提交总部。如果哪家店一直做得好，总部对其实施免检（当然是相对的）。

因此，检查是有成本的，最好的检查就是自检。

(3) 要自检，就要不定期地他检

自我检查什么情况下才不会变成“上有政策下有对策”呢？那就是公司层面的监督和检查，如果达不到要求结果，将加以严厉的处罚。要想自检持续下去，不定期地检查就要永远持续下去。一个成功的酒店，一定是靠监督、检查来实现控制的。

麦当劳的成功是一个典范。很多人都在想，这样一个简单的生意，居然也可以做到世界500强。这到底是为什么？

麦当劳快速开新店，复制能力表面看来很简单，它的检查系统也不复杂。但这一表象的背后，是一种强大的法制管理思想，而我们大部分的企业正是在这一点上栽跟头。中国的大部分酒店的老板和经理的管理方式，还是以人治管理为主。

人治管理的一个特点是，做事喜欢顾面子，凡事喜欢含糊一点，不要弄得太清楚，免得伤了和气。做事的结果凭良心，凭信任。比如，一个常见的现象是，经理拍着员工的肩膀说：“放手干，我相信你！”下属也信誓旦旦地表态：“经理，我办事，你放心！”

结果呢？缺乏监督检查，事情没做好，弄得两头都灰土灰脸，搞得大家都成了小人。长此以往，酒店的执行文化就扭曲变形了，表面一团和气，但是管理者极其没有安全感，于是四下安插亲信；员工也没有安全感，于是钩心斗角，酒店上上下下都被弄得神经兮兮的。

公司层面的检查监督要符合三个要求。

第一，客观性。以事实和数据为基础，不依赖于个人，不依赖于专家，不依赖于主观判断，只依赖事实和数据，这样才能公正。

第二，公正性。对事不对人。

第三，实效性。对行为及时做出反馈。

(4) 越相信谁，越检查谁

如果你要检查两个人的工作，一个是你信任的人，一个是你不信任的人。由于时间关系，只能检查一个人，你会检查谁？是检查信任的人，还是检查你不信任的人？

大多数酒店经理的回答是：当然是检查不信任的人。理由是，经理不信任一名下属，一定是这名下属有不值得被信任的理由。这些理由说明这个人是不可靠的，所以要通过检查来制约他。同样道理，经理信任一名下属，一定是经过长年累月的磨合，久经考验才获得的。所以，经理认为，即使不检查他，他也会自觉地把事情做好。

但是，各位经理，换个角度思考，得出的结论就会让你大跌眼镜。

现在请你站在下属的角度来思考，员工是否被上司信任，往往这个员工比上司更敏感。如果员工明明知道上司不信任自己，他还敢失职吗？如果员工觉得自己已经被怀疑，而且会被检查，他还敢轻易做出违反规定的事吗？同样道理，如果员工知道上司很信任他，就算做了什么不妥当的事，上司大概也不会检查吧？如果他确定上司不会检查，那他是不是会心存侥幸，甚至觉得可以悄悄地为自己谋取私利呢？

因此，我们往往会被自己信任的人所蒙蔽。酒店出现不好的结果，甚至是违法犯罪的事，大多数是那些被酒店信任的人干出来的。谁应当对此负责？

4. 随时奖罚激励

（1）人们不会做你检查的事，只会做你要奖罚的事

驯兽场上，一名驯兽师正在训练一头黑熊跟着她一起跳绳，她跳熊也跳，她落熊也落。相信大家都会为黑熊的表演而喝彩。我们很难想象，作为低等动物的黑熊，它是根本无法用言语和人沟通的，为什么能够在训练师的指引下做出那么多高难度的动作呢？

这样的奇迹是如何造就的？驯兽师被称为“动物的魔术师”，他们在训练黑熊时，经常会用夸奖、抚摸、事物奖励等办法，用他们的职业术语来讲就是“正激励训练法”——以积极的鼓励、奖励为主来训练黑熊。

心理学家还做过这样一个试验，将幼儿园的儿童分成AB两组。A组儿童无论做了什么事，老师都会找出优点称赞他们；对B组儿童，老师的态度相反，无论他们做了什么事，老师都会找出缺点来批评他们。经过一段时间后，A组儿童

无论在智力、个人自理能力等方面都比 B 组的儿童胜出一筹。

事实上，早在几十年前，哈佛大学著名的心理学家斯金纳教授就发现，如果一种行为获得了积极的回馈，那么我们就会重复这种行为；如果一种行为产生了消极的后果，甚至会受到惩罚，那么我们就会减少这种行为。

(2) 下属执行力强弱，关键不在于薪酬，在于成就感

面对下属的执行不力，许多酒店经理都会归结一个原因：我们酒店的基层员工每个月的薪水也就这么两千多元钱，你还能指望他们怎么执行？甚至把自己对上司的执行不力，也归结一个原因：作为主管，我每个月的工资也就这么三千多元钱，上司还要我怎样执行？

既然经理喜欢拿工资来说事，那我们就此展开论述。我们首先要明确两个不同的概念。“如何让人来做这件事”与“如何让人做好这件事”是完全不同的两回事。很明显，酒店给你的工资解决的是第一个问题，也就是说，你领着酒店这份薪水，投入来做酒店的事是理所当然的。“如何让人做好这件事”，就不是工资涉及的范畴了。换句话说，你把员工执行不力归结为工资不高，那是驴唇不对马嘴的强盗逻辑。如果按照这一逻辑往下走，就会得出荒唐的结论：只要我们给员工足够的工资，酒店的执行就一切都没有问题。那么，酒店的事务还需要管理吗？酒店还需要聘请你做管理者吗？在金钱之下，个个都是良民，个个都是圣人了。显然，这是不可能的。

“如何让人做好这件事”，关乎的是员工的价值观问题，涉及的是员工更高层面的范畴——精神追求层面。众所周知，每个人的内心深处都有一个渴望，那就是：“我是一个重要的人，我不愿意在公司中做一个可有可无的人。”员工的工资使他愿意做这件事，如何让他做好这件事，至关重要的因素是员工的重要感和成就感。高明的经理人总是善于发现下属的价值，通过激励放大下属的价值，放大下属的成就感。

(3) 多用正激励，少用负激励

奖与罚都是激励的方式。奖称为“正激励”，即对好的行为给予积极正面的回馈，以刺激人们继续好的行为；罚称为“负激励”，即对不好的行为给予负面的回馈，以抑制不良行为的再次发生。

我们提倡酒店管理中尽可能多地使用正激励，尽可能减少负激励。惩罚是管理的无奈，万不得已才使用。同时要明确，惩罚的目的不是整人，而是希望收获好的结果。

（4）要什么就激励什么，强调什么就激励什么

秦国的强大，离不开一位著名的功臣：商鞅。商鞅为了秦国的强盛，在秦国大刀阔斧地实施变法，但是没有人相信他，于是他在南城门外竖起了一个木桩，承诺如果有人将木桩移到北城门，就奖赏50两黄金。

一开始，大家觉得这简直是开玩笑，奖励50两黄金，已经够买上几千亩地了，移动一下木桩就可以成为大地主，谁敢相信？

一段时间后，终于有个人想试一试。于是就上前把木头从南城门搬到了北城门。果然，商鞅立即兑现了奖励，这个消息不胫而走，传遍了全国各地。“城门立木，千金一诺”也就成了千古佳话。

由此可见，激励不是工资，不是绩效考核。绩效考核要从市场交换规则的角度来考虑公平性，要保证员工投入和产出的公平感。而激励不需要从市场交换角度讲究公平感。它主要考虑两个因素，一个是考虑是否能激励出更多的好人好事，另一个是考虑能否建立新局面、新规则。一句话，你要强调什么，就可以激励什么。

（5）少用金钱的方法来激励

员工执行力的强弱，关键不在于薪酬，在于成就感。换句话说，员工执行力的强弱，关键不在于员工做事的意愿度，而在于员工做事的兴奋度，或者说积极度。薪酬、奖金等金钱的方法解决的是员工做事的意愿度，而对员工做事的兴奋度作用并不大。再者，上面我们已经明白了，要什么就激励什么，强调什么就激励什么。换个角度说，即激励什么，我们将得到什么。也就是说，如果一味地强调金钱方面的激励，必然诱使员工注意的焦点都放在金钱上。带来的后果必将是，在员工中衍生出一种极其不好的风气：拜金主义，金钱至上，唯利是图，斤斤计较。这种风气一旦在团队中甚嚣尘上时，酒店经理还谈什么执行文化？

酒店倡导的首先是注重精神层面的激励，包括荣誉激励（例如荣誉称谓，颁发证书，授予奖章等）、晋升激励（例如晋升晋级，加封头衔，换岗等）、榜样

激励（例如树标杆，立榜样，评模范等）、感情激励（例如给予家一般的待遇和奖赏等），等等。

其次，注重零成本的激励。包括写感谢便条、给员工家里写感谢信、慰问员工家庭、带领下属引荐给上司、由上司来表扬、发动客户给员工写感谢信、真诚地与员工握手说："感谢"、文化墙上张贴英雄榜的照片和案例、召开劳模分享报告会、征文征稿表扬好人好事、在员工大会隆重表扬员工，等等。

最后，注重低成本的激励。包括奖励消费券、与合作单位互换消费券、旅游途中买回纪念品随时奖励、自己独有的物品赠送员工做奖励、零食水果的奖励，等等。

第二节　怎样培育核心人才

1. 如何培养核心人才

曾国藩用人有三个步骤。第一个步骤是在身边带。像营务处、秘书处的人，他每天与他们谈话，历练他们，以及自己言传身教。经过一段历练后，就到第二个阶段。第二个阶段是到地方领军，任分统，或任中层或下层。从这时开始，如果经受住了考验，有实实在在的政绩，就能够进入第三个阶段。第三个阶段就是正式任命一个更高的层面，独当一面。

人才培养的最终目的，就是培养核心人才，能独当一面的战略型人才。对于酒店来说，就是酒店的核心人才，这类人才占全体人员的10%～20%，从事核心业务，真正决定酒店战略目标实现，因此，也有人把核心人才叫做酒店的"形象代言人"。

对于核心人才的管理，酒店经常会有这样的困惑：如何战略性地甄选出核心人才？如何动态地更新核心人才？酒店最需要怎样的人才？

想做一位战略型人才还是技术型人才，在职场发展中，对你而言这是个重要的问题。战略型人才是核心人才，而技术型人才是普通人才。我从事多年酒店管理、咨询、培训工作经验，优秀的战略型人才在人才比例里大概只占10%，企业一直在寻找、培养战略型人才，因为战略型人才总是在酒店的发展壮大过程中，扮演着“定海神针”的关键性角色，企业在选择人才的时候，战略性思考能力总是被放在招募条件的首位。

技术型的人才也非常重要，在酒店的运营中，发挥着中流砥柱的作用，扮演着执行战略的角色。如果没有一群技术型人才在认真执行决策，再好的战略也只是空头支票。

酒店管理中，要注意，很多杰出的技术型人才被晋升到战略型职位后，反而表现平平，甚至失去信心，觉得工作充满挫折，一点快乐都没有，这就是因为酒店在对核心人员培养的过程中，没有全面培养员工的能力，导向有所偏颇造成的。

2. 核心人才具备的能力

战略型人才需要具备以下七项工作能力，分别是：

（1）要具备战略思维的能力；

（2）要有创新思考的能力；

（3）要有预见未来变化的能力；

（4）要有设计战略实施方案的能力；

（5）要有果断决策的能力；

（6）要有杰出沟通愿景的能力；

（7）要有高尚人格的感召力。

有人问，战略思考能力是否可以培养或者后天训练？我认为战略型思考能力有一部分来自天分，有一部分则是长期的自我修炼，或是通过不断训练而成。当前，MBA学院非常流行“个案式教学法”，通过研读案例，将自己置身于案例的情境当中，设身处地地提出你的观点对策，这种案例都没有标准答案，只能考验学生的观察、分析、归纳能力，长期训练可以提高学员的战略思考高度的能力。

一般而言，酒店各个部门的最高领导都应该具有创新与战略思路综合能力的人才，因为在这个岗位上，必须与不同的人沟通、协商、共事。比如一位酒店的

CEO 除了对内了解各功能部门（业务、生产、人事、财务……）的工作，要能协调各部门工作外，对外还需要与行政人员、媒体、合作伙伴等人士沟通，这些都具有快速学习、丰富知识不断创新思考的特点。

3. 战略型人才四项修炼

技术型人才比比皆是，但是战略型人才却凤毛麟角。这在古时候的战场上，叫做“千军易得，一将难求”。很多人都想把自己修炼成为战略型的人才，或者拥有战略思考的能力。那么，应该怎么做呢？

（1）培养你的第二专业，一定要成为专业人士

具有两个以上的专业有很多好处，首先知道自己不局限于某一领域，将会更有自信，而当你被征召担任更高级别的职务时，更有能力承担这个任务，而且会表现优异。精通第二专业是为了向高阶层领导人做准备。

第二专业最好是与你现在的专业差异越大越好。比如，酒店的 CEO 一定是由业务、研发、财务资深主管升任，除了要具备多种专业知识外，战略能力就显得尤为重要。

（2）大量阅读书报、杂志

养成每天阅读的习惯，每天计划一小时的时间来阅读，常年下来你会累积可观的知识。阅读的范围可以很广，当然不一定局限在自己的专业领域内，像管理类杂志网站、新闻时事评论、名人 BLOG，等等。定期逛一次书店，看看排行榜上的新书，买几本回来，平时放在公文包里，一有机会就拿出来读书。将书中的重点整理出来，理解书中的精华，并能与大家分享和沟通。

（3）动笔写作、投稿，甚至写书传达理念

名人出书已经成为当下很时髦的话题，作为一位管理者，你也要紧追时尚，不妨也当一回“作家”。

用心观察周围的人和事物，你会有许多自己的想法和感悟，试着将这些记录下来，发表在自己的 BLOG 上，我见过许多大企业的 CEO 都写书，将自己的经营理念、管理心得写下来，与大家分享。

（4）经营人脉，广交朋友

战略型人才需要具备广泛的知识，除了通过大量阅读外，刻意经营与自己不是一个行业的朋友，通过异业学习，增长自己的见闻，对培养战略思考能力很有帮助。我们一般认识的朋友都是同业的，同质性太高，通过参加社团可以认识不同行业的朋友，吸收不同行业人士的知识和经验。

战略型人才难觅，酒店在不断寻找和培育战略型的人才，以担任企业未来之任务。如果你想要晋升酒店高阶层主管，通过上述四个方面，可以逐步培养自己的战略性能力，为自己下一个职位铺路。

第三节 走动式管理

1．走动式管理的优势

走动式管理是指酒店管理者利用时间经常抽空前往各个办公室走动，以获得更丰富、更直接的员工工作问题，并及时了解所属员工工作困境的一种策略。这是一种新型的管理方式，它要求酒店管理者身先士卒，深入基层，体察民意，了解真情，与部属打成一片，共创业绩。

走动管理不是到各个部门走走那么简单，而是要收集最直接的讯息，以弥补正式沟通渠道的不足。正式的沟通渠道由下级到上级逐层上传或下达，容易生成过滤作用，缺乏完整讯息。不论是由上而下或由下而上传达讯息，在经过层层转达之后，不是原意尽失就是上情没有下达或下情没有上达。通过正式沟通渠道收集到的讯息，缺乏实际情境的辅助，不易让酒店管理者做出正确的判断，往往会因而失去解决问题的先机。

敏锐的观察力是走动式管理的要素，酒店管理者必须敏锐地观察到工作的情境与人员，及其所透露出的讯息，通过询问、回答、肢体语言等，对讯息作出及时的回应。

酒店管理者的态度也很重要，如果让员工有被视察的感觉，酒店管理者就很难获得想要的讯息；如果来去匆匆，也难以达成预期的效果。同时，酒店管理者也不必期望每次都获得新讯息，只要有机会获得最新讯息，就有机会防患于未然，不必等到事发再焦头烂额地处理。

走动式管理是一种方法，而不是一种理论，强调酒店管理者应及时收集第一手的讯息，至于其他经营管理事项，则仍应采取其他适当的方法。

走动式管理的优势主要体现在以下方面：

（1）酒店上层领导动，部属也跟着动。我的朋友刘超，开办了一家新的酒店，他每天巡视酒楼，遍访客房、桑拿洗浴中心，与酒店员工一起吃饭，闲话家常。清晨，他总比别人早到半个钟头，站在酒店门口，向每一个员工问好，率先示范。员工受此气氛的感染，促进了相互间的沟通，士气大振。不久，刘超的酒店就有了很大的发展。

（2）投资小，收益大。走动式管理并不需要太多的资金和技术投入，就可以提高酒店的生产力。

（3）看得见的管理方法。就是说酒店管理者能够到达工作第一线，与员工见面、交谈，希望员工能够对管理者提出意见，甚至争辩是非。

（4）现场管理。我认为，世界上第一流的生产力，是建立在追根究底的现场管理上的。酒店管理者每天马不停蹄地到现场走动，部属也只好舍命陪君子了。

（5）“得人心者昌。”优秀的酒店管理者要常到职位比他低几层的员工中去体察民意、了解实情，多听一些“不对”，而不是只听“好”的。不仅要关心员工的工作，叫得出他们的名字，而且关心他们的衣食住行。这样，员工觉得酒店管理者重视他们，工作自然十分卖力。一个酒店有了员工的支持和努力，自然就会昌盛。

（6）走动式管理是一种领导艺术。时下越来越多的酒店都在效仿“走动式管理”，因为走进经营的第一线，就是走到职工的心坎中，把措施指导于现场之中，感情沟通于关怀的点滴中。我们有理由相信，这种良好的互动，必将给酒店的生产和经营带来生机和活力。

美国麦当劳快餐店创始人雷·克罗克，是美国有影响的大企业家之一，他不喜欢整天坐在办公室里，大部分时间都用在“走动式”管理上，即到所属各公司、各部门走走、看看、听听、问问。公司曾有一段时间面临严重亏损的危机，克罗克发现其中一个重要原因是，公司各职能部门的经理官僚主义突出，习惯躺在舒适的椅背上指手画脚，把许多宝贵的时间耗费在抽烟和闲聊上。于是克罗克想出一个“奇招”，要求将所有经理的椅子靠背都锯掉，经理们只得照办。开始很多人骂克罗克是个疯子，不久大家悟出了他的一番“苦心”，纷纷走出办公室，开展“走动式”的管理，及时了解情况，现场解决问题，终于使公司扭亏为盈，有力地促进了公司的生存和发展。

在走动中了解员工，贴近员工，掌握员工的思想动态，沟通管理者与员工的感情，缩短了与员工的距离，建立了酒店管理者与员工的互动关系，凝聚了员工队伍，及时沟通了员工对酒店价值观和经营理念的认同，员工爱厂如爱家，形成一股凝聚力。

深入一线，酒店管理者就能在第一时间掌握第一手资料，好的经验便于推广，存在的问题又能消灭于萌芽状态，酒店管理者更能提高管理决策的科学性和正确性。

2. 走动式管理的六大步骤

走动式管理要求酒店管理人员走出办公室，走入兄弟部门，走到一线，走到员工中间，去观摩、考察、检查、沟通交流，学习对方的长处，发现彼此的短处，得到第一手资料，找出存在的问题，排查容易被人忽视的隐患，提高管理效率。

“看、访、查、追、学、思”是走动式管理的六个步骤，做好这六步工作，才能让走动行之有效，才能把管理落到实处。

第一步，看市场。酒店管理者必须接触市场，一天的行程下来，最新、最具体的资讯掌握在手。在稍后的追踪步骤中，就可以制定出明确的指标，让下层员工快速准确作出反应。

第二步，拜访客户。获取市场信息的最佳途径是拜访客户，而且，通过酒店管理者对客户的拜访，会让客户有被重视的感觉，无形中增进了感情。

第三步，对员工工作的核查。经常性地核查下属工作，不但可以了解工作进度，还可以发现问题点，更重要的是防范问题的发生。

第四步，追踪改善进度。酒店管理是一件“全、杂、细”的累活。酒店管理者通过走入市场、拜访客户、查核工作，必然会发现一定的问题，发现了问题就必须进行改善。这就要求酒店管理者把这些问题点立案处理，逐一登记在册列表追踪，同时明确责任人和完成的时间进度。

第五步，走动式学习。走动式学习，就是指部门之间互相走动、互相观摩、学习长处，从而发现自身不足，加以弥补，达到共同进步的目的。

第六步，应用心得。走动式管理是一个运用相对广泛的管理法则，但国内酒店知道这种方法的很多，运用得好的却很少。那么，究竟怎样克服这个瓶颈呢?

首先，酒店管理者要丢掉官架子、克服惰性，真正走进基层，“和群众打成一片”；其次，建立完善的制度，用制度将管理者赶到第一线；最后，真正把酒店管理者解放出来，让他们有时间有精力去走动。

3. 走动式管理的技巧和方法

在酒店业，流行着这样一句话：酒店管理就是细节管理，走动式管理则是细节管理的关键所在。

走动式管理体现了指导与服务的职能。人的常流动、事的多变化是酒店行业最大的特性。作为酒店管理人员，要到现场进行指导与服务，针对现场情况做好人的掌控和事的把握。在实践中对指导与服务，主要有三个方面：

（1）对员工在工作中可能发生的失误或不到位的现象进行现场指导，如对各项工作执行情况的检查考核，发现问题及时整改，减少失误，提高工作有效性。

（2）了解掌握信息，对工作中的突发事件在第一时间进行处理与控制，并总结指导，有利于问题的解决和员工能力的提升。

（3）对工作执行中偏离企业政策、制度的行为进行纠正指导，使管理工作有章可循、按章执行，保证管理的有序。

在指导的过程中体现服务，即为客人服务，同时也为员工服务，这也是人性化管理的一种表现，非常有助于酒店服务质量的提高。

走动式管理体现了调查与研究的功能。酒店管理人员既要具备发现问题的能力，又要具备解决问题的能力。对在走动管理中发现的简单问题，可以随时随地地补台和解决，但对复杂的问题必须进行认真的调查与研究。

如管理上存在的漏洞，就需要认真调查与研究，有时还要亲自体验，才能真正发现问题的原因与根源，从而完善制度、调整方法进行改进。而对长期积累或企业机制等原因存在的疑难问题，要借鉴其他酒店的成功做法与经验，结合自身实际进行有针对性、创新性的解决。

对自身无法解决的问题，要提供建议或意见请决策层解决。对员工的思想问题，更要通过认真细致的观察、了解，区别不同类型的员工进行不同的沟通、交流、引导，有矛盾的化解矛盾，有追求的提供平台，表现优秀的给予奖励或提升等。只有通过自己走动才能发现、调查取得真实的第一手资料，进而思考并研究采取对策，提升管理的一个功能过程。

走动式管理还体现了学习与提高的效能。每一个人在职业生涯中，总是在循序渐进中成长，学习越多进步越快，积累越多经验越丰富。

作为酒店的一名管理人员，首先要珍惜来之不易的机会，正确树立“管理是服务的理念”，在管理中服务，在服务中学习，在学习中提高。

走动式管理是最好的方式：在走动中可以为员工服务，向员工学习。广大员工中蕴藏着的无数的经验和智慧，是非常值得我们学习、采用和重视的，他们的经验来自最基层，却最有针对性；在走动中为客人服务，向客人学习，客人既是我们的上帝，也是我们学习积累的源泉，不同的客人有不同的需求、不同的建议或意见，都是我们宝贵的管理财富；在走动中还可以加强上下级、同事间、部门间的沟通交流与协作。走动管理能够加强管理者、员工和客人等多方面的沟通，有效地提升酒店管理效能。

第四节 管理制度化，领导人性化

1. 管理“神器”：制度＋人性

酒店的管理者要强调的管理原则有三条：

（1）有法必依，违法必究，执法必严。

（2）罚得分明，奖得也分明。

（3）管理的目的是要带来好结果，制度的执行是铁面无私的，但人是有情的，此时领导的“润滑”作用就凸显出来。

如果违背这三条原则，将会带来什么后果？

（1）不执法，酒店的制度被破坏变形，势必出现更多的“假好心”。制度一旦失去了应有的权威与尊严，组织就会走向灭亡。

（2）没有管理者的人性化关怀，员工将丧失多做事的积极性。

管理要遵循制度化，也离不开管理者的人性化领导，换句话说，我们既要制度化管理，也要人性化领导。

某酒店的制度中明文规定，员工上班迟到30分钟者以旷工论处。

有一天，王主管遇到这样一个两难选择：小李迟到了40多分钟，一经核实，原来是小李的妈妈心脏病突发，小李十万火急送妈妈到医院急救，甚至无法给王主管电话告知将会迟到。

如果你是这位主管，小李应不应该受到制度的处罚？如果处罚，又应该如何协调？

我的意见是，必须处罚。否则，就会出现下一个违反者，就会有人浑水摸鱼，最后酒店制度就形同虚设，管理势必走向混乱。

那如何体现人情味？即所谓“王法无情，人有情”，执行处罚前，王主管可以单独与小王沟通其中利害，如有困难，甚至可以在罚金上以个人名义帮小王一把，处罚后，也可以去看望一下小王生病的母亲。

2. 制度化关键在于“正”

中国人很聪明，但“制度”这个东西总是搞不好。中国人的人性中，骨子里就蔑视制度，意识里根本就没有制度的概念。特别是很多酒店的员工，都是酒店管理者托亲告友，从老家带到城里打工的，人性化管理已经严重阻碍了制度管理。

我认为，西方人的制度设计有时候是可以用“精妙”二字形容的，而且对制度的执行在我们看来近乎呆板，因为人家是讲“法、理、情”，把法律摆在第一位；而中国人是讲“情、理、法”，只要自己认为合情合理，不管什么制度，都可以“聪明”地把它回避、歪曲、改造，直到这个制度等于没有。

比如红绿灯制度，在国外，只要有红绿灯，司机就会自觉遵守，甚至红绿灯由司机自己按，因为遵守制度已经融入每个人的血脉中；而在中国不少人对红绿灯视若无睹，一到红绿灯口，尽管亮着红灯，只要左看看没有交警，右看看没有电子眼，再看看也没有行人，汽车司机一踩油门就冲过去了。这些人往往还感到很骄傲，茶余饭后经常拿出来炫耀：我多么有办法！

任何组织要治理好，不管是东方人还是西方人，都必须实施制度化管理。制度化管理的关键在于“正”，要做到这一点，必须遵循以下原则：

（1）制度必须成为大家的共识

制度的本质就是集体的契约。因此，制度只有在充分讨论、协商、说明、吸纳、说服的基础上制定出来，才具有公信力，大家才愿意去遵守。

（2）制度的制定必须具有可操作性

任何组织的制度的设定，必须要有可操作性。否则，设了也白设，反倒影响制度的震慑力以及执行力。

（3）制度的执行必须具备刚性

制度是原则，不是拿来妥协和谈条件的。它是任何一个组织的“雷区”，是不能触碰，更不能被挑战的。

3. 人性化领导妙在于“奇”

人性化领导妙在于“奇”。“奇”就“奇”在于不因循守旧，不拘泥于形式，为了达到好的结果，需要观念创新，需要变化多端，需要发挥极高的灵活性和艺术性。一言以蔽之，追求领导艺术永无止境。

（1）领导就是服务

能为他人服务，就是领导的一种境界。关于领导的境界，老子很早就论述过，他在《道德经》里就提到了领导的四种管理境界。《道德经》第十七章说道："太上，不知有之，其次，亲而誉之。其次，畏之。其次，侮之。"

我这样理解，作为酒店的管理者，管理有四种境界：

第一境界：领导顺应规律，合乎民情，因而下属感觉不到他的存在；

第二境界：热爱下属，亲近下属，带领下属创造高业绩，得到下属的交口称赞；

第三境界：对着下属发号施令，下属畏惧他而且疏远他。

第四境界：在下属头上作威作福，下属辱骂他。

其中第一境界，就是上面提及的领导就是服务，融入团队中，默默地支持下属冲锋陷阵，甚至让人感觉不到这个领导的存在。

（2）善于听取下属的意见

下属向你提交意见时，你要以开放、放松、积极的肢体动作迎接他们，还要专心聆听，甚至当着下属的面做笔记。听完意见要及时回馈，让下属知道你是多么重视他的意见，他有多么的重要！

作为领导听取下属的意见不仅仅是可以广纳雅言，使自己思想畅通，更主要的是这种虚心听取下属意见的态度会使部下觉得你平易近人。开明纳谏，很容易使他们认可你，心甘情愿地为你出谋划策，尽心尽力地帮助你走向成功。

（3）欢迎发牢骚

有的下属很爱发牢骚，可一些领导对爱发牢骚的下属持不欢迎、不接纳的态度。殊不知，听取牢骚也是领导者了解情况的一种渠道。

如果有一天你的下属在你面前发牢骚，请问这是好事还是坏事？当然是好事！下属发完牢骚，一定有两件好事：

一是他确实有牢骚，他发完了，问题得到解决了，他就释放了，就没事了。

二是假的牢骚。他所做的工作，所做的成绩，你也许没有注意到、关照到，于是他会通过这种方式发泄出来，让你看到他所付出的努力，所以，那根本不是牢骚，他是在向你寻爱，需要你的表扬，你让他充分地表达，他就舒畅了。

因此，当有下属向你发牢骚时，你不能厌弃他们、冷落他们，而应在日常工作、生活中主动接近他们，跟他们进行面对面的沟通，不仅要欢迎他们提意见，还要希望他们多提建议，鼓励引导他们善于提建议、善于提出解决问题的思路和方案。这样，才能密切你同下属的关系，赢得下属的支持，减少工作中的阻力。

（4）做下属的坚强后盾

提升业绩有两大要素：态度和能力。二者的关系如图 6－1 所示。

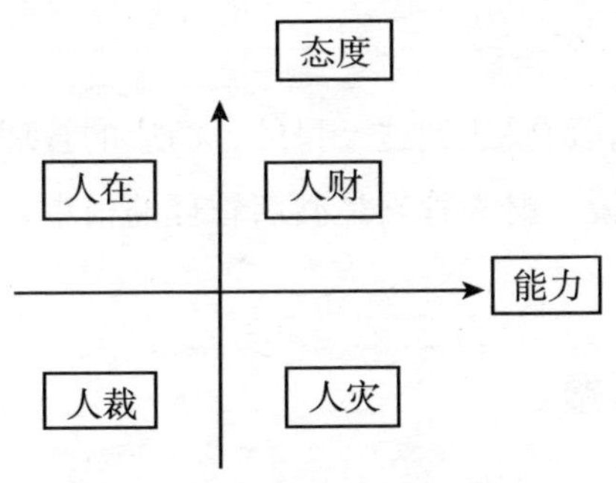

图 6－1　态度和能力的关系

纵轴表示态度，往上是态度越来越好，横轴表示能力，往右表示能力越来越强。图 6－1 中，你部门会有四种人存在：第一种态度好，能力好，这种下属真正能创造价值，带来绩效的，叫做“人财”，财富的财；第二种态度好，不过能力一般般，你一吩咐，跑得比谁都要快，但是能力有限，经常做错事，绩效不好，最终，在你部门就是个“人在”；第三种态度很差，能力也很差，这种人走到哪里，都是被裁员的对象，叫“人裁”；第四种能力很好，不过态度很差，往往会招来灾祸，叫“人灾”。

既然只有第一种下属才能真正为酒店创造价值，创造绩效，那其他的怎么办？很简单，就是把其他三个象限的下属都引导进入第一象限。最容易引导的是“人在”，不断训练提升能力，会很快进入“人财”，创造价值，带来绩效；其次是“人灾”，只要态度一转变，思想一端正，立刻就进入“人财”；最麻烦的是“人裁”，既要转变他的态度，还得提升他的能力，费时又费力，如果实在无法改变，就把他裁掉。

因此，要想提升下属的绩效，归根结底，就是做好两件事：一是端正态度，二是提升能力。做好这两件事，需要酒店管理者做好员工辅导和培育的工作，即员工心理辅导、态度端正、能力训练等。

第五节 管钱就是管好酒店

开酒店是为了赚钱，而要达到这一目的，酒店的管理者就必须做好酒店的财务管理工作。可以这么说，财务管理是酒店管理的根本，其好坏直接关系到酒店的生死存亡。

1. 保存好原始票据

我的朋友宋毅强失业后，有了开酒店的想法，在他看来自己创业总比给别人打工强，最起码不用整天看别人脸色行事。说干就干，宋毅强筹集了资金后，就开了一家小酒店。

刚开始，酒店的规模比较小，酒店里的所有业务基本上都是他自己亲自动手，经过他的努力，酒店越做越大。

两年后，宋毅强扩大了酒店的规模，还雇了不少的服务员，这虽然增加了不少的成本，但是每个月下来，宋毅强发现赚得更多了。此时，他的酒店是越做越大，酒店里的业务他不可能再亲自参与了，于是建立进货、财务等部门。其中，管财务的是他一个远房亲戚，他认为把财务交给熟悉的人比较放心。

又是月末，宋毅强在核对本月的收入时发现不对头，凭空少了2000多元，查看了好几遍的账也没发现漏洞。最后，宋毅强的注意力转移到了一些进货票据上，他发现其中有一张本月进货的票据有问题，内容记载含混不清，并且有的地方还有涂改的痕迹，张先生明白了，就是这票据给了进货人员贪污作弊的机会。

但是由于自己当时签字时没有太留意，所以财务人员看到有自己的签字，也没有提出质疑。

上述案例中，由于酒店老板在票据上的疏忽，给酒店带来了不必要的损失。其实，在现实管理中，有些酒店经营者在票据方面的意识非常的淡薄，财务上需要签字的地方，经过一个电话就解决了。凭证没有签字等于是没有效的，无效的凭证无法用来做账。如果是因为一个签字问题让酒店不断遭受看似细小的损失，积累下来就是很严重的问题。酒店的经营者不能不加以重视。

财务人员在实际的操作过程中一般会存在下面的问题，而这些问题同时也是酒店审计人员重点审计的地方：

（1）形式不规范

①所取得的原始凭证项目填写不全，不符合会计基础规范的要求，有的不填日期、接受凭证单位的名称，有的业务内容、数量、单位和金额填写不全，有的没有填制单位的名称和财务（会计）专用。

②报账列支的手续不全，存在无财务人员审核、无经办人员签字或其他证明力不足等。

③对外用内部结算票据或普通收款收据（或自制收据）替代发票或财政收费票据。

④一些基层单位的维修费用、简单的基建支出都是白条入账。

（2）内容不真实

①经济活动内容不真实，将一些无法入账的票据开出正式发票以会议费或汽车修理费的形式列支报销。

②虚开、虚报支出票据，套取现金，有的企业是为了给职工搞点福利，有的则是自己要得到实惠。

③发票的号码与日期存在倒置，报销的票据存在连号等问题，说明未如实反映经济活动发生的时间或发票内容虚假。

从财务的角度看，造成原始凭证不规范，甚至失真的原因是：

①内控制度不健全、不落实。不少的店铺内控制度不健全、不落实，财务管理松弛，没有严格、规范的验收审批制度。

②财务人员履行职务责任心、原则性不强。一些财务人员审核把关原则性不强，有的以老板审批代替审核，只要是领导批了的，什么发票都可以报销。

③有些酒店老板法制观念淡薄。

（3）原始凭证中容易出现的其他错误与舞弊

这些错误和舞弊是经营者要特别注意的，这是酒店内部的财务人员通过对原始凭证做手脚，达到私人目的。

①内容记载含混不清，或故意掩盖事情真相，进行贪污作弊；

②单位抬头不是本单位；

③数量、单价与金额不符；

④无收款单位签章；

⑤开具阴阳发票，进行贪污作弊；

⑥在整理和粘贴原始凭证过程中进行作弊。

例如：利用单位原始凭证粘贴、整理不规范的弱点，在进行粘贴、整理时，采用移花接木的手法，故意将个别原始凭证抽出，等以后再重复报销；或在汇总原始凭证金额时，故意多汇或少汇，达到贪污其差额的目的。

⑦模仿领导笔迹签字冒领；

⑧涂改原始凭证上的时间、数量、单价、金额，或添加内容和金额。

企业要想健康发展，离不开每一个细节上的控制。所以企业的老板对原始凭证要认真签字，这方面的财务意识也要不断地加强。

（4）建立财务票据管理制度

为了加强有力会计核算工作，完善财务管理制度，确保票据妥善保管，需要制定票据管理制度，内容包括：

①支票由出纳员专人保管。领用支票的人需填写领用支票审批单，由总经理审批并由财务总监认证后向出纳员领用，领用人负责收回相关单据并及时到财务部办理有关报销手续；

②原则上不准签发空白抬头或金额的支票，如确实需要，应由总经理、财务总监同意，并在支票上填上最高限额，由领用人员负责收回相关的报销凭证，由财务人员核对是否准确；

③建立支票领用备查簿，依序登记领用人、领用支票日期及注销日期等；

④对已作废支票，与支票存根放在一起，并加盖“作废”印章后妥善保管；

⑤发票由主管会计专人保管和负责核对，建立发票领用登记簿，定期对空白发票及领用的发票进行检查；

⑥仓库验收单、领用单每月必须定期核对后，交会计部门入账，并装订保管；

⑦出纳的支出单据，由出纳登记现金日记账、银行存款日记账后，经会计核对后，交会计入账。

2. 财务分析七禁忌

“酒店未开，财务先来。”投资开店就是为了赚钱，这是毋庸置疑的。但是在众多的开店人中，有人欢喜有人忧，大赚其钱者随处可见，亏本倒闭的也大有人在。作为酒店的管理者，一定要把握好财务这一关，为自己的酒店请个理财高手，做好财务分析，这样你在经营中就不会担心财务上出什么问题了。

刘老板经营了一家酒店，平时工作比较忙，关于财务上的事，他非常留意酒店里的营业额。他常常将不同月份的营业额作比较，如果发现某一个月份的营业额下跌，他必会查个明白。相反，对酒店其他的数字他并不太注意，他通常只会问店里的会计下一个月的现金还有多少，是否足够支付经常性开支，其他的财务问题他都不会刻意查问。在他看来，只要生意好，财务上就不会有问题。

真的是这样吗？做一下财务分析就知道了。

（1）流动资金比率分析

$$流动比率 = 流动资产/流动负债 \times 100\%$$

我们假设刘老板的公司2013年的流动比率是0.96，2012年是1.14，2011年是1.18，这些数字代表什么呢？简单来说，如果流动比率大于1，代表流动资产较流动负债大，也就是说酒店的流动资产有能力应付短期债务的需要；如果流动比率小于1，即有资不抵债的可能。刘老板的酒店虽然连续两年在销售及利润上都有所增加，但是2013年的流动比率却下降至1以下，现金较2012年少，而且应付账项却远较2012年为高。

以刘老板酒店目前的财政状况来看，如果现在市面上有不利于他酒店的消息在流传，从而导致债主要求提前还款，刘老板的酒店就会出现资金周转不灵的危机。

应收账款周转比率 = 销售/平均应收账款

这个比率用来计算公司的收账效率及放债政策，比率越高则表示收账速度越快。我们假设刘老板酒店三年的应收账款周转比率分别是：2013 年 =3.3、2012 年 =6.1、2011 年 =6.8，结果表示，刘老板公司的收账效率正在下降。原因有两个可能性：第一是酒店的放债政策越来越宽松。虽然销售额是上升了，但结算周期却越来越长了；第二是酒店的收账效率比以前要差，又或者酒店的客户有拖欠货款的习惯。不论原因为何，这都会对酒店不利。

（2）财政稳定性比率分析

负债比率 = 总负债/总资产 ×100%

这个比率是计算酒店的负债程度，比率越高，表示酒店的财务状况越有危险。我们假设刘老板的酒店在 2013 年的负债比率是 71%、2012 年是 59%、2011 年是 52%，虽然酒店的负债少于资产，但负债的比例却是越来越高，显示刘老板酒店的财政稳定性比以前差了。

由此可见，销售数量或利润数字并不能正确和全面地反映酒店的整体经营表现，作为酒店的老板，刘老板绝对需要全面地评估酒店的财政状况。而财务比率分析简单、易用、有效，作为老板和酒店的管理层都应该好好利用。

财务分析要达到重点突出、说明清楚、报送及时、预测准确、措施得力的目的，进入财务工作“灵魂”之境界，充分发挥其诊断餐馆的“听诊器”，观察餐馆运行状况的“显微镜”的功能。

3. 人员费用支出

提起人员成本费用，很多人认为是工资或是工资福利等的支出，其实不然。

首先，人员成本不等于工资。人员成本是指酒店在一定的时期内，在生产、经营和提供劳务活动中，因使用劳动者而支付的所有直接费用与间接费用的总和。如果酒店给员工支付 1000 元的工资，那么人员成本绝不会是这直接的 1000

元，还有其他的间接费用。

其次，人员成本不等于工资总额。有人说，既然工资不等于人员成本，那是不是工资总额就等于人力成本呢？店铺的人员成本费用主要包括哪些呢？

（1）店铺人员的引进成本

这主要包括人员的招聘费用（包括广告费、设摊费、面试费、资料费、中介费等），选拔费用（包括面谈、测试、体检费用等）、录用及安置费用（包括录取手续费及调动补偿费等）。

（2）人员的培训成本

这是指酒店对员工进行培训以达到自己所要求的标准（如工作岗位要求、工作技能要求等）所消耗的资源总和，包括员工上岗教育费用、岗位培训及脱产学习费用等。

在培训实践中，培训成本的深入细致预算对酒店培训效果有十分重要的影响，所以一定要做好培训成本的预算。

（3）人员服务成本

服务成本是指酒店根据人力资源管理体系要求对所使用的人员提供后勤服务所消耗的资源总和，包括交通费、办证费、文具费、医疗费、办公费用、保险费等。

（4）酒店人员工资、福利

酒店的财务人员一般都是经营者自己进行担任。酒店经营者可以适当的压缩酒店在福利、津贴方面的开支，措施有：要求员工少请假、缩短假期、缩小医疗保险的范围、调整差旅费的支出、对打长途电话以及时间适当控制。

4. 有效控制采购成本

酒店在采购商品时，每批采购量的大小，既影响经营活动，又涉及成本和利润，采购数量过多，会占用大量资金影响资金周转，增加存储成本，从而增加成本；如果采购数量过少，会增加订货的费用。

因此，采购批量控制就是要求酒店采购人员通过使用经济订货量方式确定最适当的订货量，降低与采购和储存相关的成本，增加酒店利润。采购批量控制的重点是确定最经济的采购批量。

所以，对于采购的数量，切不可马虎大意，要估算出合理的数量，以免造成不必要的成本增加。

（1）确定采购品种的依据

①根据消费者的需求。为此，酒店要研究历年同一时期经营品种的销售情况，研究本酒店上个时期各类经营品种的情况，研究各类经营品种的消费变化趋势。通过研究分析，列出各种商品适销程度的顺序，作为控制进货品种的依据。

②商品产销特点。包括各种商品的产地分布、上市季节、消费季节、供给量等。根据这些特点，确定将商品列入哪一时期的采购品种目录。对一些更新换代快的商品，更要及时掌握商品的上市动态。

③店铺的经营能力。主要是指酒店的资金实力、现有商品的品种结构、商品储存与保养条件等。酒店要根据自身条件确定采购品种。

④竞争对手的经营品种。“知己知彼，百战不殆”，酒店在决定采购品种时，必须事先了解竞争对手的经营品种状况。通常采取“人无我有，人有我全，人全我优，人优我转”的采购品种策略，在市场竞争中占据主动地位。

（2）降低货品价格

在采购时，永远不要很快地作出购买决定。因为，在供应商面前，你永远是上帝。要想降低采购成本，就要及时收集和更新各种物资价格动态信息，扩大采购比价范围，货比三家，最大限度地降低采购费用，降低物资采购成本，提高物资采购效率。

同时，根据物资市场价格变化较大的实际情况，在保证经营不受影响的前提下，选择最低价位时采购，规避在市场高价位时采购，有效降低了采购成本。那么，如何做才能降低采购的价格呢?

①提前留意可能需要采购物品的价格。采购人员不妨准备一个“价格记录本”，它能帮助酒店少花很多冤枉钱。提前留意可能需要采购物品的价格，并记录每一种你曾购买过的物品的价格，当需要和另一卖家对比价格时，它会成为有用的参考。而且，“价格记录本”能让你知道一些常需物品的价格上涨幅度，在采购时携带它一定会让你受益匪浅。

②购买之前先询价。在购买任何一种产品或服务之前，一定要先问清对方价格。哪怕是再便宜的产品或服务，在购买前也一定要先问清价格。

③再便宜的商品也要讨价还价。有一点要注意，不要将价格压得太低，否则就极有可能会买到赝品或次品。通常而言，只要是诚意购买，商家总是会有些折扣的。

④用老客户的身份要求供应商打折。当酒店和某个供应商有长期的业务往来时，经营者或采购员就应及时认识到自己有资本与对方重新商谈各种合作条款，特别是价格条款，充分利用老客户的身份，在适当的时机和对方协商商品价格、合同条款与服务质量，要求供应商打折。

⑤少量购买也可要求批发价格。酒店若长期需要购买某种产品，但由于客观原因（如仓库容量小或是资金不足），每次只能少量购买，这时采购人员也可以要求供应商提供大批量购买的批发价格——只要采购人员承诺能够长期购买，或在某段时间（如半年、一年）内购买相当于批发数量的产品或服务。

⑥摸清竞争对手的采购价格。在和供应商进行价格谈判前，采购人员不妨先调查一下：竞争对手是从哪里购买产品或服务的？付了多少钱？如果有比本酒店采购价格低的，尽量了解内情，拿到这些资料，去找本酒店供应商要求同样的价格；如果供应商不同意降价，就到供应商的竞争对手那里去购买。

第七章　持续赢利：酒店企业文化落地

第一节　酒店企业文化建设的思路

1. 构建酒店文化的五要素

随着我国酒店业的发展，酒店竞争越来越激烈。酒店的竞争首先是产品的竞争，这是一种基本的竞争。然后是服务的竞争，广义上来说，服务的竞争实质上是一种无形产品的竞争。但最终意义上的竞争是文化的竞争，文化的竞争是更高层次、更高品位的竞争。

酒店是生产文化、经营文化的企业，客人到酒店来，有一个很重要的心理预期，就是要享受文化和消费文化，获得最高的文化附加值。因此，酒店文化对酒店竞争力的强弱起着举足轻重的作用。无论是洲际集团、希尔顿集团，还是万豪集团、雅高集团，无不在于其蕴藏着一种优秀而雄厚的酒店文化。

酒店文化是酒店员工共同拥有的价值观、酒店精神、经营哲学等，是一种渗透在企业一切活动之中的东西，是企业的灵魂所在。

酒店属于劳动密集型、感情密集型企业，酒店产品就其本质来说是酒店员工所提供的服务。而影响服务质量的因素太多了，绝不仅仅是靠提高科技含量、利用高新技术进行管理所能达到的。只有利用酒店文化的微妙性来管理员工，从整体上提高员工的素质，才是提高酒店服务质量、增强酒店竞争力的重要手段。美国管理学家劳伦斯·米勒说："未来将是全球竞争的时代，这种时代能成功的公司，将是采用新企业文化的公司。"

酒店文化主要有五种元素：

（1）酒店的环境

酒店环境包括内部环境和外部环境。酒店的内部环境是经营环境，同时还包括员工的工作、生活环境等；酒店的外部环境是在社会中的地位、形象和联系。酒店建筑是酒店给人最直观的印象，其本身就是酒店企业文化的一部分。

（2）酒店的价值观

酒店的价值观是酒店文化建设的核心。酒店的价值观是指酒店在追求经营成功过程中推崇的基本信念及奉行的目标。酒店价值观的一个最突出的特征就是以人为本，以关心人、爱护人的人本主义思想为导向。在建立酒店价值观时，必须充分注重到人的发展是酒店发展的基本动力和归宿。

酒店的发展离不开人的发展。综观国内外优秀的酒店，我发现，他们员工的精神状态都非常好，酒店十分注重员工的工作、生活环境，讲求卫生、整齐，布局合理。员工餐厅、更衣室的设计都极富人情味。酒店每月都会为员工开晚会，组织优秀员工外出观光、学习等。

酒店非常讲求“无情制度，有情管理”的原则。我在上海一家著名酒店听到这样一件事情，一名青年厨师，私拿了厨房的排骨，被按制度处罚。但酒店并未到此结束，而是主动了解情况，得知该员工与母亲相依为命，母亲近几日患病住院，青年厨师无暇照顾，又无时间上街采买，故顺手拿了排骨。酒店即让工会和部门负责人去医院慰问，并道歉称对员工关心不够。青年厨师备受感动，更加爱店敬业，成为酒店技术骨干。

（3）酒店的产品

酒店经营的产品有客房、餐饮、娱乐等，这些都是通过服务来体现的。酒店的产品一定要有文化内涵，具有特色。譬如说客房房型要丰富，布局要合理，装饰要具有文化气息和文化氛围。

我发现，在浙江一家酒店新开业之时，房内的装饰画别出心裁地向社会征集儿童画，然后进行上好的装裱，既具有特色，又给人印象深刻，更在一定程度上使这些画的作者和亲朋好友成为酒店的顾客。

服务也是一种文化，首先要讲求服务的标准化、规范化，这是基础。在此基础上力求个性化、多样化，尤其体现在服务语言、动作和服务细节上。

（4）酒店的企业精神

酒店的企业精神是酒店的宗旨、观念、目标和行为的综合，体现了酒店的精神面貌，也是酒店企业文化的概括。

如威斯汀酒店的企业精神是“为每一类宾客提供高品质的产品服务”；四季集团的企业精神是“一切为了顾客”；上海和平饭店的企业精神是“优秀企业造就优秀员工，优秀员工造就优秀企业”等。

（5）酒店制度文化

酒店制度是酒店在经营管理时制定的，起规范保证作用的各项规定或条例。它和酒店的领导体制、组织机构共同构成酒店制度文化。酒店制度文化是酒店为实现目标给予酒店员工的行为给一定的方向、方式的具有适应性的文化。

2. 酒店文化建设的意义

（1）重视酒店文化建设是适应市场竞争的需要

当下，酒店业竞争日趋白热化，过去那种皇帝女儿不愁嫁的日子已经一去不复返了。而酒店要想在这激烈的市场竞争中分得一杯羹，除了在价格上进行压价竞争外，似乎缺少行之有效的办法，而这种压价竞争是低层次的竞争，缺乏真正的竞争力。要想在市场竞争中立于不败之地，归根结底还是要靠酒店文化。

（2）重视酒店文化建设是创造酒店特色的需要

一个酒店是否有生命力，关键是看它有没有特色，而特色来源于酒店组织的群体个性，来源于酒店培育的文化氛围。酒店企业文化创造的是人文环境和精神影响力，是通过环境来影响人。这种无形的企业文化是通过有形的东西体现出来的。

因此酒店的精神文化，不是管理方式方法，而是形成管理方式方法的理念；不是酒店每一个人的具体行动，而是产生这种具体行动的动机原因；不是酒店的人际关系表现，而是这种人际关系背后所反映出来的深层次个人处世态度；不是反映员工的工作状态和工作形式，而是反映这种工作状态和工作形式中蕴含着对工作是一种什么样的感情（如热爱服务，讨厌服务、被强迫服务等工作感情）；

不是在对客服务中的态度体现（如对客人冷漠、对客人热情微笑等），而是在服务态度背后反映出的精神境界（如博爱、奉献，与其对立的就是狭隘、自私）等。

（3）重视文化建设是打造酒店形象的需要

当今社会已进入了形象和品牌消费的时代。良好的酒店形象一旦形成，就会成为酒店的无价之宝。

酒店形象的打造，离不开酒店文化建设这个基础。酒店文化建设好了，就可以有清晰的思路去塑造酒店的功能定位，可以生产适销对路的酒店产品，可以提供满意周到的酒店服务。越来越多的酒店管理者已认识到酒店文化形象塑造的重要性，并自觉地运用“酒店文化力”的作用实施经营管理。

（4）重视酒店文化建设是实现“以人为本”经营理念的需要

人是酒店企业文化建设的主体。企业文化的内在要求是在经营中重视人、相信人、理解人、发展人。

“以人为本”的“人”，既指酒店的员工，又指酒店的客人。要想吸引众多的客人到酒店来消费，当务之急是提高面对客人的员工的素质和服务水平，就要对员工实施“人本化”管理，正确处理好管理者与员工、企业与员工、员工与员工之间的关系；树立集体价值高于个人价值、协作价值高于单体价值、人的价值高于物的价值的价值观；关心员工、尊重员工，给员工以安全感、受尊重感和成就感，使员工真正体会到工作的意义，从而使他们能够在各种制度的约束下，最大限度地发挥自己的能力和才能，服务好酒店的客人。

（5）加强酒店文化建设是酒店竞争的需要

酒店产品相对一般工业企业的产品而言，其技术含量较低，可复制性较强，因而酒店在追求产品技术的同时，更为追求的是酒店服务技术。

在酒店行业，人的因素永远是第一位的，酒店服务是人的服务，技术很难代替。顾客来酒店消费，主要是要满足情感上的需求和文化上的需求，顾客最需要的是关爱，而不是看中酒店豪华的吊灯和闪光的大理石地板。因而技术更多的是用来协助员工更好地为客人服务。

第二节　如何构建酒店精神文化

1. 核心价值观的特征

核心理念 = 核心价值观 + 使命。核心价值观是酒店常盛不衰的根本信条，即少数几条一般的指导原则。而使命是公司在赚钱之外存在的根本原因，不能和特定目标或者业务策略混为一谈。

优秀公司一般只有几个核心价值，其核心价值观一般也不超过6个。概括起来讲就是这六方面的内容：关于经营的事业、关于产品、关于员工、关于为人、关于工作作风、关于客户。

既然是核心价值的东西，自然它所涉及的方面就不会很广，而它是酒店最为根本、最不可动摇的。如果一家设计了十几条之多的价值观，很可能是因为这家酒店还没有真正考虑到本质的东西，或是混淆了核心价值和经营做法、商业谋略等。

比如万豪酒店核心价值观，如表7－1所示：

表7－1　　万豪酒店核心价值观示例

序号	万豪核心价值观
1	友善的服务与绝高的价值（顾客是贵客）；让离家在外的人觉得置身朋友当中，而且真正受人欢迎
2	人员第一，善待他们，给予高度期望，其余一切会随之而来
3	努力工作，但保持工作乐趣
4	不断自我提高
5	战胜逆境，建立格调

提供万豪酒店企业的核心价值，目的是让大家借鉴和学习，而非生搬硬套它

的价值观。核心价值观并非来自外人的指令，并非来自研读管理书籍，并非来自纯粹的智力运作，也并非是用来攀比和炫耀的。所以有必要了解一下核心价值观的特征，然后根据酒店的发展需要，制定适合自己酒店的价值观来。核心价值观有以下特征：

（1）制定核心价值观，应抓住自己酒店真正的东西，不是抓住其他知名酒店价值观定位的东西，也不是外界认为是理念的东西。

（2）核心价值观是以酒店的内在要素而存在，不受外在环境左右，也不是出于竞争需求，或者追求管理时尚。

（3）优秀酒店不是在成功以后才拥有崇高的理想，才有自己的核心理念，而是在它们还处于草创时期，核心理念就已经制定了。

（4）核心价值观的灵魂在于“真实与诚实”——没有人工调料，没有添加剂，没有糖精，完全100%纯度的“真”。

（5）任何一家酒店，最关键的不是它拥有什么样的核心价值观，而是它是否拥有自己的核心价值观。

2. 如何制定核心价值观

如果要制定酒店的核心价值观，需要采用“干部团队提炼法”的办法。之所以这么做，出于两点原因的考量：首先核心价值观不是老板的“一言堂”，即不是最高领导者的一面之词；其次它也不是哪一位专家提供的“金科玉律”，它一定来自团队，而且是核心团队（即干部团队）。因为核心团队本身就是酒店核心价值的典范。

操作方法分三个流程进行：

（1）请核心团队成员探讨以下六个问题：

①不管时过境迁，你认为在工作中你始终如一地追求的最重要的价值观是什么？请举过往事例说明（六方面：关于经营的事业、关于产品、关于员工（或团队）、关于为人、关于工作作风、关于客户）。

②当你的孩子长大成人，步入社会工作时，在工作上你希望他传承什么精神（或者作风）？

③假如第二天一大早醒来，你突然就拥有了一笔足够让你安度余生的财富，你还会继续工作吗？如果会，你为了什么？

④对于你现在持有的核心价值观，你确信100年后它还会像今天一样有意义吗？理由是什么？

⑤如果有人指出，你持有的核心价值观将使你在竞争中有所不利，你会怎么应对？

⑥假如酒店未来要进入一个全新的领域（与酒店业务大相径庭），你会为这个新的业务注入什么样的核心价值观？

特别说明一下，以上六大问题中，最后真正要的结论只在第一个问题中。为何还要设计后面的几个问题呢？原因是为了不断考验和鞭策，你是否相信和坚守你得出的第一个问题的答案；同时如果遗漏，还可以及时地补上，所以后面几个问题也是非常必要的。

（2）当大家各自回答完上述的第一个问题（关于六个方面的价值观）后，选出一名总指挥，可以是上级领导，也可以是老板，当然也可以邀请外部专家，比如我们在这方面就经验很丰富，站在第三者立场往往更利于公正客观地帮助酒店。总指挥带领干部队伍进入下一轮的讨论。步骤如下：

第一步，所有干部的答案汇总一起（六个方面逐项汇总）；

第二步，先易后难，采用淘汰法，将明显不符合要求的意见淘汰；

第三步，接着采用归纳法，将不同意见中出现概率高低依序归纳出某个价值观在不同干部中同时出现的概率高，说明这是团队中普遍认可和接受的；

第四步，归纳出“关键词”后，重新整理成完整通顺、喜闻乐见的表述，当同一价值观出现不同表述方式时，以民意表态，取意见多数者。

第五步，当六个方面的价值观都提炼出来后，交给酒店决策层最后裁决。裁决后，酒店颁布执行。

3. 核心使命的特征

身为酒店管理者，不仅要了解酒店的核心价值，还要正确认识酒店的使命。因为它是你努力工作的根本动力所在，只有在充分认识、认可的基础上，酒店管理者才有可能为之奋斗不息。

在这个充满诱惑的时代背景下，人们很容易受到外界的干扰，很容易朝三暮四，任何个人，任何干部，任何酒店，尤其是小酒店，都需要比任何时候更了解自己的使命，这样才可以帮助自己和团队把工作变得更加有意义，才能更大地开发员工的创造力和才能，才能更加吸引、留住和激励更多优秀的人才。

正如管理大师彼得·德鲁克所说，任何一个组织，最优秀、最有奉献精神的人最终都是自愿者。所有的自愿者都是奔着使命而奋斗的。

使命是公司除了赚钱之外存在的根本原因。一个有效的使命反映了人们对事业的重视程度——决定了他们的动机，而不仅仅是对产品和目标客户的一种描述。它抓住了酒店的灵魂，它表述的是酒店在利益之上存在的深层原因。

使命，它可以延续上百年，不应该将其和具体的目标、商业战略（在经营中可能不断变化）混为一谈。尽管你可以达到一个目标或完成一项规划，但你不能完全实现自己的使命，使命就像是指引方向的恒星，可以永恒地追寻，却永远不可能达到。尽管使命本身不会变化，却能激发改变。使命永远不能实现，意味着一个酒店要完全投身于它的使命，就要永远刺激变革和进步。

核心使命的作用是引导和激励组织成员去实现一个又一个目标，完成一个又一个胜利。使命如果经过适当的构思，可以成为基础广泛、根本而长盛不衰的东西。优秀的使命可以长年指导和激励组织。

由于使命的主要作用是指引和激励，它的关键在于真实，不在于与众不同，不必独一无二。两家酒店非常可能拥有很相似的使命，就像两家酒店非常可能坚信正直之类的价值观一样。

4. 如何发现及提炼真正使命

(1)“问为什么”法

使用这一方法，每家酒店管理者都可以轻松准确地帮助酒店发现和提炼出真正的使命，同时也是在帮助自己探寻到自己努力奋斗真正的动力所在。操作步骤如下。

首先，从酒店对产品或服务的描述开始，“我们提供了什么菜品”或者“我们提供了某服务”。把它用一句清晰明了的话描述出来，让外人一听就知道酒店所从事的是什么业务。

其次，立刻问：“我们提供这项服务重要吗?”毫无疑问，答案是“很重要”。紧接着问第一次为什么，就是“为什么说我们提供这种服务很重要呢?”答案必须是有逻辑的，而且是直接的因果关系，回答的句式必定是“因为我们这么做给人们（或客户）带来什么好处。”当第一个为什么的答案出来后，你会发现，酒店的使命就出来或者开始接近，如果还没有，进入第二个为什么。

最后，在问了这几个为什么之后，酒店真正的使命就显而易见了。当然，如果你的经验丰富，少问几个为什么，就可以很快洞穿酒店所从事业务的真正使命。

(2)“杀死”酒店法

假设有人出高价买你的酒店，这个价格使酒店内外部的人都十分满意；同时，这个人可以用更吸引人的薪酬制度为所有员工提供稳定的就业。但是，这个人在购买了酒店后要“杀死”酒店，他要取消这家酒店的产品和服务，把它的品牌永远地束之高阁不再使用。这家酒店会在事实上消亡，完全从地球上消失，你还会愿意被这个人收购你的酒店吗？为什么不愿意或为什么愿意？

如果酒店不存在了，会有什么损失？为什么现在酒店的存在和存在下去是重要的？我们发现，这种方法对帮助那些精明、重利的酒店管理者认真考虑他们酒店存在的深层原因十分奏效。

5. 理念的制定要注意什么

核心理念是不能“创造”和“发明”的，你只能去发现和提炼。理念的制定不是来自对外部环境的观察，而是来自内在的审视。理念必须是真实可信的。

不要问“我们应该拥有什么核心理念”而应该问“我们真正拥有什么核心理念”。人们必须带着强烈的热情，深层次地去理解拥有的核心价值观和核心使命，否则拥有的就不是核心理念。你认为酒店“应该”拥有的价值，但又不能肯定是这个酒店现有的，就不能把它作为真正的核心价值。这样做只会引起全酒店的冷嘲热讽——“你想骗谁啊，我们都知道这根本不是这里的核心价值!”更准确地说，这样的愿望应该是你未来前景或战略的一部分，而不是核心理念。

核心理念起的作用是引导和激励，而不是做出区分。两家酒店完全可能拥有一样的核心价值观或使命，问题的关键是谁能去坚守它。许多酒店都可以有“作出服务创新的贡献”的使命，但并不是每家酒店都积极地去实现它。

区分优秀酒店与一般酒店的不是核心理念的内容，而是核心理念的真实性、纪律性、一贯性，以及他们配合的程度。就像是，让你更与众不同的不是你信仰什么，而是你相信的程度。当你深深信仰一种东西时，你就会长时间地保存它，而且会以同样的方式把它融入到你的生活中。

核心理念要对酒店内部的人有意义，有激励作用，而不需要让所有的外部人为此感到振奋。只有酒店内部的人才需要核心价值观的敦促，并激发其长期为酒店的成功服务的热情。核心理念对酒店外部人的影响相对次要，因此不能成为确认核心理念的决定因素。因此，核心理念起到了区分酒店内部人和外部人的关键作用。一个表达准确的理念会吸引有同样价值观的人来到这家酒店，同时，排斥与之相反的人。

不能把新的价值观和使命“安装”到人身上，核心价值观和使命不是什么可以让人批量买进的东西。人必须本来就有能够接受它的素质。我们只能去寻找，去吸引，去留住易于接受我们核心价值观、核心使命的人才，并让不易于接受我们核心价值观的人另谋高就。

阐明核心理念不是一个文字游戏，重点是要抓住实质，要抓住核心价值观和核心使命的精髓，而不是为了载入史册写出咬文嚼字的完美宣言。

核心理念是酒店出于自身发展的需要，它不需要理性和外界的肯定，也不会随着趋势和流行而摇摆，甚至不会跟着市场变化而变化，它可以历经时间的考验。它甚至可以 100 年不变。

由于中国当代市场经济才 30 多年，暂时难以看出哪一家酒店的核心理念能走过 100 年不变。但是，在西方市场经济走过几百年的历程中，我们可以看出：酒店的核心理念一旦制定后，就指引和激励着团队为之奋斗不止，延续上百年而不轻易改变，也不会随着趋势和流行而摇摆，甚至不会跟着市场变化而变化。

6. 如何让酒店企业文化落地

精神文化如何落地？我将这么多年来，辅导很多酒店的一些具体操作办法给大家作参考。

（1）餐厅、客房、文化墙布置及办公桌上张贴酒店核心理念。

（2）把宣读酒店核心理念列为酒店会议的常规程序（会前、会后高喊）。天天喊，天天念，深入骨髓。正如“谎言说一千遍都变成真理”，人最难做的一件事就是自己打自己嘴巴。当核心理念深入到员工的潜意识时，再让他去违背或者触犯它，比较难，长期坚持下去，老员工甚至会主动纠正新员工不符合酒店价值观的行为。

（3）将酒店核心理念的教导贯穿在整个新人培训与后续培训计划中。具体方法：首先收集与整理出酒店内部，符合酒店价值观的经典案例和典型个人，成立案例库，编写教程，作为新员工入职培训的第一堂课。如何收集案例：举行围绕酒店核心理念的有奖征文竞赛。比如：自由命题，题材不限，但是必须来自酒店的真人真事，中心思想必须围绕着能够体现酒店核心价值观，等等。然后进行酒店核心理念的培训，一定要由资深的酒店元老负责授课，它不是简单的知识传授，而是感情、信仰的灌输。

（4）酒店内或部门内随时抽查。抽查方式可以多样，比如酒店业务培训会中随时抽查，有奖问答，书面问答抽奖等。

（5）招聘时，将酒店核心理念制成易拉宝展架，用以吸引，同时也是筛选认同酒店价值观的新员工。从员工入职起，从不间断塑造员工的价值观；并且，干部的晋升严格遵循由内部逐级提升的原则。

（6）宣扬“模范人物和模范事迹”，组织员工持续地、不定期地举行先进事迹、先进个人的分享会。比如将先进个人和事迹的分享列为例会的例行程序之一，天天讲，月月学；每年评出“感动××十大人物”（每一个都是从不同层面和角度遵循酒店价值观的典范），并在宣传栏张贴模范人物的画像与故事；发动客户举荐榜样，并且邀请客户写表扬信予以张贴；设立酒店名人录，等等。

（7）隆重奖励符合酒店价值观的模范个人和模范事迹，方法有设置月度年度的例行奖励，奖励以“荣誉”为主，什么价值观就可设什么荣誉奖励，比如倡导快乐奋斗，就设“微笑天使奖”；倡导服务第一就设“最佳委屈承受奖”；倡导忠诚，就设“忠诚卫士奖”；倡导奉献，就设“老黄牛精神奖”；倡导挑战，就设“业绩冠军奖”，等等。奖励以及庆祝的方式一定要隆重，要注意技巧，例如员工大会时大造声势地公开表扬、一定要有鲜花、掌声、荣誉证书或者奖杯、主持人煽情、背景音乐制造氛围等。

(8) 用明显、有形的惩罚方式，惩处逾越价值观的员工。惩罚方式有降职、换岗、乐捐、记过、通报批评，甚至开除等。

(9) 设立“特别工作日”。比如基层工作日，每月选出一天，到基层工作；家庭日，周六设为家庭日，可着便装，甚至上班时间比平时稍晚；亲人日，不定期举行携带家人在公司联欢、聚会、外出旅游等。

第三节　以人为本的酒店文化特质

1. 酒店文化的核心

不管任何一家酒店，如果员工没有共同的精神追求和信仰，就只能是一群乌合之众，工作就会变成一种折磨。

有一家连锁酒店集团，经过老板数年苦心经营，已经具备了相当的规模，在全国各地都有连锁店。但随着酒店的经营规模壮大，老板日益感到力不从心。老板的期望、想法、思路一到往下执行就全变了样；各级领导之间都存在沟通障碍；员工与酒店很难达成共识；员工对酒店的理念、价值观没有认可度；大多数员工并没有全身心工作；几乎所有的艰辛和困苦都是老板自己一个人在扛；员工中很多是老乡、亲戚关系，裙带关系盛行；酒店整个团队上千人，左看右看都像一群散兵游勇的杂牌军……

这是一个非常有代表性的案例。我认为，这无疑是该酒店在企业文化建设过程中，遇到了以下困惑。

（1）对酒店企业文化建设的认识程度很低

对酒店企业文化的认知停留在物质的表层，以为做一些公关活动、广告推广、社会公益和职工的文化娱乐活动；或者觉得统一了着装，统一了酒店的标志，做了形象设计，自己就已经很“文化”了。而漠视了酒店企业文化中最本色的部分，即酒店企业核心理念的确立与推广。

（2）忽视了文化建设的重点是对员工的教化

虽然设计了酒店企业文化有关的材料，但仅仅是把它设计了出来，展现了出来，然后束之高阁，说得严重一点，把酒店企业文化当做一尊佛像供奉在那里，而缺乏对员工进行深层次的教化，没有得到员工的广泛认同和接受，没有在员工心中扎根发芽，没有转化为员工真正的行动。

（3）酒店企业文化建设中漠视人性

中国人人性中的一个弱点就是你跟他谈文化素养，谈人性关爱，他多半以为你有病。他会说，酒店的氛围不好、沟通不通畅、执行力不强……但不会深层次地想想，这原来都是文化的原因。

一个成熟健康的企业文化是“以人为本”的。这种漠视人性关怀的做法是对社会不负责任的。

酒店企业文化是什么？企业文化由四部分组成。

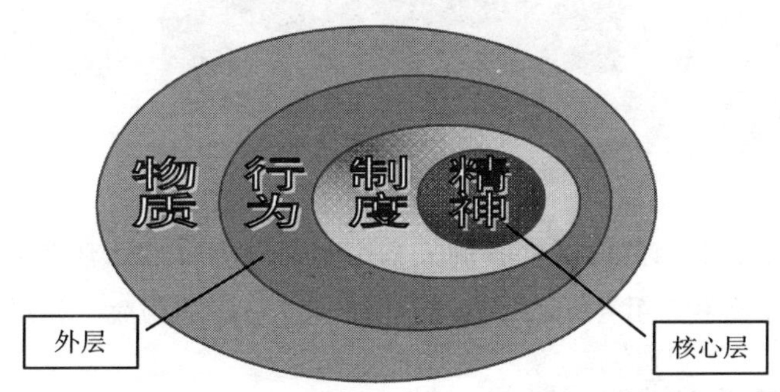

图7－1　酒店企业文化结构

由图7－1可知：酒店企业文化的核心层是精神文化，表层是制度文化，浅层是行为文化，外层是物质文化。本书无法对这四方面都展开论述，我化繁为简，将它一分为二：企业文化的核心层是精神文化，它是无形的，即务虚；企业文化外层是制度、行为、物质文化，包括酒店所有的规章制度，员工行为规范要求，看得见的服装形象标志以及酒店的工资福利待遇等，它们都是有形的，即务实。

在酒店培训中，很多朋友会问我一个问题：酒店管理，是该务虚，还是该务实？

光务虚肯定是愚弄员工，叫愚民政策，不可取；光务实却是误导员工，一切往钱看，结果是员工一味地跟酒店谈价钱，讲条件，唯利是图，自私自利，叫误民政策。因此，光务实也不可取。酒店管理既要务实，也要务虚，两者缺一不可！根据“阴阳反成大道”思想，请看图7-2。

图7-2　务实与务虚

酒店管理中务实与务虚，两者的关系不是谁先谁后，谁有谁无，也不是谁大谁小，而是你中有我，我中有你，互动互补，也是相辅相成、相反相成的。

2. 酒店文化建设的误区

遗憾的是，中国市场经济走过30多年来，酒店经营管理务实的部分一直没有松懈过。而务虚部分却几乎就没有被重视过。过去的几十年来，我们是穷得叮当响，全力抓物质文明建设没有错。今天，温饱已经不再是问题了，如果我们还不及时将精神文明建设补起来，就不仅仅是误民了，而是把自己都给误进去了。导致的管理困惑是：整个团队做起事来就是没态度、没状态！

（1）团队没态度

这是很多酒店的致命内伤。员工总是会这么想，反正为老板做，为酒店做，为主管做，我是打一份工的，有活干我就干，没活干更好，反正工资少不了，做一天和尚敲一天钟；甚至出工不出力，就算出力也不用心，做起事来心不甘情不愿，整天跟老板搞内耗，还怪酒店：谁叫酒店不加工资……

（2）团队没状态

什么是真正的状态？在部队，一位连长接到上级命令，要攻下六号高地，肯定会信心十足地告诉战士，兄弟们，今天我们一定要攻下六号高地！这样，首先是士气鼓舞了大家。

可是，在酒店里面，我们却经常看到这样的现象，客房部李经理本月销售目标达成200万元，而李经理连自己都没有信心，回到部门，面对下属的时候，他就会犹豫：今天接到上级指标，要我们本月达成目标200万元，伙伴们，我们能拿得下来就拿，拿不下来就算了。要是这样的士气，能达成目标吗，能打胜仗吗？很难。就算达成目标，也是侥幸。

有的主管更加过分，直接跟老板唱反调：老板站着说话不腰疼，200万元，他倒是说得轻松，也不管我们死活，伙伴们，我们能拿得下来就拿，拿不下来就算了。这样的主管，你怎能指望他带好部门?！就更别指望他能战胜困难完成更艰巨的任务了。

3. 酒店文化的本质

酒店企业文化的核心层——精神文化，即务虚的部分。精神文化是任何一家酒店的灵魂。它在酒店管理中有多重要，从下面两个地方的故事，便可见一斑。

第一个是一家酒店，办公室装修得豪华漂亮，电脑、电话等现代办公设备样样齐全，办公室人员在里面衣冠楚楚，忙忙碌碌辛勤工作，并一直在尝试着各种科学的管理……在这里，酒店老板给他们发工资、奖金、福利、各种待遇……可是却很少听到有人感激发工资的老板，感激带头的主管；这里的员工老是感觉自己做得多，拿得少；这里的员工老是有很多冲突和矛盾；这里的员工，老是觉得苦恼和痛苦……

第二个地方，非常不起眼，既没有现代化的房子、没有现代化的装修，也从来不用去招工和招聘，可是来这里的人却络绎不绝，而且来的时候还带着庄重、虔诚的感情，礼貌地行走，庄重地说话；这里也没有条件给人发工资和奖金，可是人们不但不索取钱财，还毫不犹豫地施舍钱财；这里也没有什么花样翻新的科学管理，可是人们还对这个地方顶礼膜拜……这个地方就是寺庙。

为什么这两者间会有如此大的差别呢？根本原因是人们的精神与信仰。

管理大师彼得·德鲁克说过，任何组织，如果没有共同的精神追求和信仰，就只能是一群乌合之众，工作就会变成一种折磨。所谓的科学管理，最多也是延缓死亡的“安慰剂”。

那么，酒店中的精神与信仰是什么？那就是酒店的核心理念。核心理念是酒店企业文化的灵魂，也是任何一家酒店的灵魂，是酒店中所有思想、行为、制度等的统率和总纲领。核心理念在管理中发挥着怎样的作用呢？

众所周知，员工团队是靠核心团队来驱动的，核心团队即干部团队。那核心团队又是靠什么来驱动？是钱吗？不是。核心团队主要是为核心理念驱动，而不纯粹为利润目标驱动。这个结论颠覆了很多管理者内心深处、根深蒂固的传统观念。

酒店追求利润只是目标之一，超越利润的追求是企业核心理念。利润是企业生存的必要条件，而且是酒店要达成目标的必要手段。为了更好理解这点，可以打个比方来说明一下。

请问，人要生存需要哪些必要条件？氧气、食物、水源……这些东西都是生命存在的必要条件。那么人活着，难道就是为了氧气、食物和水吗？显然不是。而酒店的利润就好比氧气、食物和水，它是酒店生存的必要条件，但一定不是目的，高于利润的真正目的是酒店的核心理念。

4. 建设“以人为本”的文化

（1）积极合作——培养员工团队精神

酒店文化是一种文化氛围、道德氛围和工作氛围，对于员工而言就如同作物良好的土壤，它能够提高员工的积极主动性，加强员工的合作精神，激发员工的创造力和增强酒店的凝聚力。每一位员工进入这个氛围里很自然地会受到熏陶和教化，产生一种从善如流的心态，发自内心遵从它、喜欢它，并以它为楷模和标准来自觉规范和约束自己的行为，从而给人一种潜在的动力，催人奋进。大家团结协作，并自觉通过努力向顾客提供最佳服务。

（2）尊重员工——营造快乐工作氛围

尊重是沟通的主题，而关注则是尊重的体现，快乐的工作氛围不仅能够使员工的服务态度更加热情，也能够使他们的工作效率大大提高。

北京香格里拉饭店非常重视员工感受，认为“一切从人做起”是提供良好服务的保障。香格里拉有非常漂亮的员工区，餐厅豪华、时尚，而且带有文化气息，还取了一个非常好听的名字，叫“香格人家”。这看上去不像是员工餐厅，很像是待客区的艺术餐厅。总经理认为：优雅舒适的环境，可以使北京香格里拉饭店的员工每天都能在一个极其愉悦轻松的环境中开始一天的工作。这一点正是他和饭店管理层的追求所在。

（3）信任员工——给予员工充分授权

古语说：“用人不疑，疑人不用。”对员工授权，让他们放开手脚自主地完成工作任务，尽情地把工作才能发挥好，这是对酒店员工信任的最好诠释。如果员工在服务中需要层层汇报才能解决问题，一会影响工作效率，二会影响员工的情绪，抑制员工解决问题能力和创造力的发挥。

里兹·卡尔顿的首席执行官霍斯特·舒尔茨先生坚信员工的重要性，他表示应把更多的权力下放给员工。饭店规定所有员工在未经批准的情况下都可以使用高达 2000 美元的金额来处理顾客投诉和纠正错误。这一权力下放的做法是对员工充分的信任，给予了员工极大的工作积极性。

（4）多元培训——提供员工发展空间

培训员工是建设以人为本的酒店文化的关键环节。多元化地培训员工，可以增强酒店员工服务过程中的信心，使员工面对任何情形都能得心应手。理性的员工总会挑选那些能资助自己终身学习、给予各种培训，从而促使自己事业发展的工作氛围的企业。对一线员工认真选拔和良好培训，给予他们解决顾客问题的自由，奖励他们良好的表现，甚至是给予确保完成任务的责任，都能使他们产生高度的自信和满意度。

通过多元的培训，员工可以掌握较强的工作能力，而且随着他们的能力提高，管理者就可以把一些责任和作决定的权力下放给一线员工，使他们感受到自身的发展和提高，进而感受到他们也有很大的发展空间和机会。

5. 酒店文化建设的七个步骤

如何建立起酒店企业文化呢？总结起来一共有七个步骤，完成这七个步骤往往需要数年的时间。

第一步，提高录用标准。

一流的企业要有一流的人才。一流的员工，不仅具备才，还要具备德，很多人对从事酒店业有偏见，认为这是“伺候”人的活，于是从心底里不乐意干这个活。

对接受酒店服务工作犹豫不决的人，即使能力再强大，也不要录用。为此，整个人才录取程序包含了两条同等的部分——吸引和劝阻。让应征者既了解到酒店的实力，同时又告诉他们将要面临的特别长的工作时间和非常严格的要求。

第二步，让新员工从最底层开始。

管理水平高的酒店总是压给新员工不胜负担的工作，使他们筋疲力尽。如果忍受不了这样的重负，最好让他们工作开始就清楚这一点。另外压下这样重的工作还有一个隐藏的动机，目的是打消他们自鸣得意的心理，使他们认识到自己的弱点，从而能够自然地向他人求助。

第三步，让未来管理者负责具体工作。

有经验的酒店，无论大小，总是让酒店高层管理人员负责核心业务，并从最底层的工作做起。这是一个永恒的公式，就像一个开面包房的父亲一定会让自己的孩子学会如何烤面包、如何包装、如何采购原料，以及如何售货等一系列程序。

第四步，对员工实施奖罚制度。

酒店企业文化必须有下面两点作为支撑：酒店的任务；奖励优异的工作者。

其实只需要记住第一条，第二条则无须劳神去记住。

第五步，教育员工，提高境界。

赚钱是一个强烈的酒店企业文化的成果，而不是方式，在一个非常重视价值的酒店，员工们一定会忠心耿耿地为酒店工作。

第六步，建立酒店传统。

所有的酒店都有自己战胜困难、冲出逆境的回忆，但是在重视酒店文化的地方，人们不断重复这些故事直到它们被笼罩上神秘的光环。

第七步，树立先进人物，证实企业文化。

为年轻的员工树立榜样非常重要。强烈的酒店文化能够寻找出这样的先进分子，并建立起师徒间的关系，这样做才能使公司文化继续发展。

第四节 “五层赢利法”与酒店文化

1. 产品定位与酒店文化

品牌是酒店最重要的无形资产，也是酒店建立核心竞争力的基础。拥有一个强势品牌是酒店竞争力的源泉，它可以为酒店创造长期优良的经营业绩；品牌具有提升酒店价值的作用，品牌特色越鲜明，就越容易获得顾客的认知，越能增强顾客的购买信心和顾客忠诚度。一个好的品牌是提升酒店竞争力最为有利的武器。

酒店品牌表达是酒店的经营思想和营销理念。一个好的酒店品牌，实际上是酒店向顾客做出的承诺，即酒店保证满足顾客对酒店产品和服务产生的情感和功用上的预期利益要求。而品牌承诺又是酒店所有要素的驱动器，是酒店员工行为的“指路明灯”。

酒店品牌文化凝聚着酒店的经营思想和营销理念，是酒店文化重要的组成部分，是酒店文化对外辐射的窗口。可以说，酒店品牌文化是酒店价值观的结晶。

一个成功的酒店品牌的培育绝不是单靠广告所能形成的。它必须培育一个卓越的品牌文化，要求和促使酒店的所有员工都遵从基于酒店特定品牌的信念和行为，以带有高度价值和附加值的服务质量，向顾客兑现酒店的品牌承诺，达到100%的顾客满意。

2. 服务创新与酒店文化

酒店行业的竞争是产品的竞争，提高酒店产品质量、降低成本是增强酒店竞争力的有效手段之一。随着酒店市场竞争的加剧，顾客消费意识的提高和对高附加值的追求，酒店的竞争越来越表现为服务质量的竞争了。

服务本身就是酒店所提供的主要产品，服务的最高目标、也是最原始的动机，就是要让顾客满意。

假日集团的分公司汉普顿酒店向入住客人提出了“无条件的”满意保证，即由客人自主决定是否感到满意，酒店在保障度上绝不与客人讨价还价，该服务承诺在当时酒店业是史无前例、闻所未闻的，正是这100%顾客满意的服务承诺，使汉普顿酒店赢得了顾客，并在整个酒店市场中占有了强大的竞争优势。

提高服务质量的关键在于培养员工的服务意识，也就是建立一种独具个性的服务文化，服务意识和服务文化是密不可分的。当今西方国家国民收入的60%甚至更高的比例是来自服务业，服务业已成了世界经济发展的支柱。

万豪酒店集团的创始人马里奥特说：“生活就是服务，我们时时刻刻都处在为别人服务和被别人服务的环境当中。”所以，在酒店服务文化的建设当中，必须以一种真诚、纯洁的服务理念和服务精神，去培养我们酒店员工的服务意识。

另外，因为顾客的消费品位越来越高，服务也越来越倾向于个性化，服务个性化是21世纪酒店业成功的关键。个性化的服务是一种非制度文化、非规范化的服务，所以它更依赖于一个好的组织气氛和酒店文化。可以说，没有一个好的酒店文化的服务文化，个性化服务便如无源之水，无从谈起。

3. 营运管理与酒店文化

酒店管理的实质就是对酒店组织内部各资源的有效整合，有效的酒店管理能够提高酒店的劳动效率，降低酒店的交易成本，从而提高酒店的营业利润。管理的创新是构成酒店竞争力的重要因素。

因此，提高酒店管理水平，创新酒店管理模式，是酒店赢得竞争优势的基础。

企业文化作为一种企业管理理论，它是从一个全新的视角来思考和分析企业这个经济组织的运行，把企业管理和文化之间的联系视为企业发展的生命线，把企业管理从技术、经济层面上升到文化层面上。酒店业因其行业特性，更加需要企业文化管理。酒店文化管理就是把酒店文化渗透到酒店日常管理当中，用酒店价值观、酒店精神、酒店经营目标等去影响、支配员工的行为。酒店文化管理是酒店管理的最高境界。

里兹·卡尔顿酒店公司在企业文化管理上堪称典范。酒店的管理者告诉员工："我们不希望你们为本公司工作，而是希望你们成为公司的一部分。我们共同的目标是建立卓越的酒店，控制世界酒店业的高档细分市场，这需要你们大家的帮助，酒店的未来掌握在你们手中。"

里兹·卡尔顿酒店公司正是利用酒店的价值观、理念和目标来管理员工的，其文化管理更是集中体现在它的黄金标准，这一黄金标准包括一个信条，一句座右铭，三步服务和二十项基本要求。酒店要求员工必须熟记并理解这一黄金标准，时刻以黄金标准约束和规范自己的行为，以达到酒店经营的目标：绝不失去一个顾客。

4. 人力战略与酒店文化

人力资源是酒店各种资源中最为宝贵的资源，是生产要素中最活跃、最积极的因素，是酒店管理的主要对象。

对于劳动密集型的酒店行业来说，员工的素质对酒店的发展则显得更为重要了。因此，全面培训员工各方面的素质，最大限度地开发员工的潜能，充分调动员工的积极性、主动性和创造性，使有限的人力资源发挥出尽可能大的作用，是酒店文化管理的核心，是提高酒店竞争力的关键。

酒店文化的管理过程实质上就是酒店员工共同价值观的培养过程。酒店在经营管理过程中必须充分体现员工的价值，做到以人为本。以人为本就是要尊重酒店所有员工，加强对员工的培训，为员工创造良好的工作环境，并让所有员工都来参与酒店的经营与管理，努力使员工在酒店感觉到归属感和成就感。酒店文化管理就是要在酒店形成一种有利于发挥员工的主观能动性、有利于挖掘员工潜力的民主、自由的气氛，让员工生活在轻松、和谐、愉快的环境当中。

韦斯汀酒店在每次接受新员工时，都只对他们提一个要求：要非常开心。如果员工的工作做得不开心，酒店会要求他们讲出不开心的理由并解决这种问题，否则就会被解雇。在这样轻松愉快的氛围中，服务员都表现出了难以置信的良好精神状态，赢得了顾客高度的满意，因为，有了时刻觉得开心的员工，才有时刻觉得开心的顾客。

5. 市场营销与酒店文化

电脑预订系统能帮助酒店更方便、更快捷地完成全球范围内的预订业务，从而增强酒店的客源优势，并能大大降低由于信息不对称所导致的高额信息成本和交易费用。

美国洲际酒店集团在1965年就建立了自己独立的电脑预订系统，并一直不断地将这一系统更新完善。现在洲际集团拥有的是世界上最大规模的民用电子计算机网，从其规模上来讲，仅次于美国政府的通信网络，它被指定为美国国家处于紧急状态时的通信后备系统。

近几年来，假日的电脑通信系统更加完备。它与其他公司共同购置了专用卫星，拥有美国最大的私用卫星图像收受网，它不仅可以用来预订、传递信息，还可以转播剧场实况，播放闭路电视，并在美国已有的1000多个洲际酒店的品牌酒店，洲际、皇冠和假日酒店中安装了通过卫星转播的长途电视会议设施。洲际集团的电脑预订系统已经遍布全球每一个洲际品牌的洲际、皇冠和假日酒店，它对于及时了解市场动态和顾客需求，不断调整经营战略、稳定和控制客源市场并提高整体赢利性起到了举足轻重的作用。庞大、先进的电脑预订系统吸引了大批单体酒店加入集团，使集团能够在短时期内迅速扩张，规模不断扩大，从而也增强了在全球范围内的竞争优势。

总之，酒店竞争力各要素之间是相互联系、相互依存的，很难单独形成一种竞争优势，它必须在酒店内部与酒店文化管理系统进行有机的整合，并与酒店文化融为一体，只有这样，才能形成酒店独特的核心竞争力。一个酒店要有自己的特色，必须要有自己独具特色的酒店文化和精神底蕴，因为，健康、优秀的酒店文化才是形成酒店竞争力不可或缺的关键因素。

第五节　营造高士气团队

1. 士气是战斗力和执行力

执行力是业绩的重要组成部分。在团队中，那些执行力强的员工，他们的业绩一定是骄人的。

在酒店管理的日常工作中，也是同样的道理。一个团队拥有了高昂的工作士气，也就掌握了完成任务的主动权。否则，就算有再好的机器设备和工作环境，也不见得就能把工作做好。

有些在酒店得不到提升机会的员工，常常抱怨上司不器重自己。其实这是极为消极的心态。如果你在平时努力学习，多一些技能和素养方面的积累，让工作士气提升到较高的层面，说不定哪一天，晋升的机会就自动送到你面前了。换句话说，如果你自己放任自流、得过且过，就算是靠运气或者其他手段谋到一个职位，也会很容易丢失的。

对于团队负责人来说，你的职责就是既让手下的人“做”，还要让他们在良好的状态下以高涨的工作士气去“做”。在酒店管理中，重要的是执行，而执行需要端正的心态和高涨的士气作为支撑。当你用积极的心态对待工作时，你的目标是明确的，会选择正确的方法；当你以高昂的士气投入工作时，你的行动是快速的，预期的目标和计划达成是高效的。这样的结果说明一个事实，你是执行力强的干部。

拿破仑·希尔说：“人与人之间只有很小的差异，但这种很小的差异却往往造成巨大的差异。很小的差异就是所具备的心态是积极的还是消极的，做事的士气是高涨还是低落；巨大的差异就是成功与失败。”

如果想让你带领的团队成为高效执行团队，下面几个事项一定要加以注意。

（1）校正部属心态：少抱怨，多行动

当下属带着抱怨心态工作时，不但自己的事情做不好，还会影响到团队的其他成员。一旦发现抱怨的苗头时，要及时校正。等到“抱怨情绪”在团队中蔓延开了再处理的话，会让你这个负责人陷入被动局面。

（2）强化时间观念

请记住：拖延工作是执行的天敌。每一项工作都应该有合理的计划。计划一旦确定实施，除非遇到特殊情况，否则不要随意中断。工作一旦中断，再重新开始时，就要浪费许多的人力、物力和财力。

（3）把握最佳时机

如果能把握住最佳时机完成工作任务，会收到事半功倍的效果。相反，一旦错过了最佳时机，投入的时间、精力和成本就会明显攀升，执行效果也会打折扣。

（4）掌握二八管理法则，抓好关键点

事实证明，许多单位在检讨执行力不足的原因时，常常是某些关键点没有抓好。能抓好 20% 的关键点，就能解决 80% 的执行问题。

（5）培养部属的技能

许多富有经验的管理者，都会把提升部属的工作技能和整体素养作为强化执行力的重要因素。就执行力而言，部队远高于企业。特种部队的执行力是部队中最有代表性的。但特种部队有句口号：只有平时多流汗，战时才能少流血。

（6）有效管理细节

不要认为细节不影响工作大局。某些执行不力的原因，常常出现在个别细节没有做好，结果让一粒老鼠屎坏了一锅汤。

（7）管好下属

下属的责任心和工作方法，对团队执行力起着举足轻重的作用。作为团队负责人，你的重要职责就是统驭好部属，既要提高部属的积极性，又要约束其劣根性，让团队中的成员心往一处想，劲往一处使，共同努力做好团队工作。

（8）创新工作方法

如果你觉得这里列举的注意事项还不全面，最好能进行完善。如果能找到更好的方法和措施，能进行创新，将对提升执行力更有好处。

2. 怎样提升团队士气

在团队中，员工有没有士气，要归结于团队负责人是不是一个富有活力、善于调动员工士气的领导。这就是“兵熊熊一个，将熊熊一窝”的道理。

如果你是一个有活力、能够调动员工士气的干部，你要检讨，你负责的团队，员工的士气是不是提升到了最高阶段？如果没有，你就要在提升员工士气方面继续努力了。

（1）学会煽情演说

当干部的，不管是召集会议还是组织活动，都需要进行演说。演说水平高低，常常决定着能不能调动员工的士气。演说的要素分为文字语言、语气语言、肢体语言。演说能否取得成功，和驾驭这些语言的能力是分不开的（见表7-2）。

表7-2　煽情语言分析表

种类	所占比重	使用技巧	作用	注意事项
文字语言	文字在表达中所占比重为7%	表达准确得体	准确传达信息	文字要贴切，不能粗俗，让表达更到位
		合理使用煽情的文字	调动听讲者的激情	煽情文字一般比较夸张，注意不能过头，要合乎场景
		合乎听讲者文化水平	便于理解	针对听众层次使用文字
		简明扼要	节约时间	切忌喋喋不休地演说
		重复关键字句	强调重点	重复不能太多，否则会让听众分不清主次
语气语言	语气所占比重为38%	亲切、得体	融洽气氛	尽量少用命令式、官僚主义语言
		注意抑扬顿挫	激发听众	要调动大家听的积极性
		有号召力	具感染力	注意适度的情感渲染
		演说者要激情四射	增强感召力	演说者的激情最能感染听众，但不能过分夸张

续 表

种类	所占比重	使用技巧	作 用	注意事项
肢体语言	肢体语言所占比重为55%	适度使用手势、动作	使文字表达更生动	肢体语言要得体并合乎场景，不能过于夸张
		表情丰富	增强感染力	表情要合乎情景、逻辑，不能哗众取宠
		适当互动	增强听众参与意识	互动要适可而止，不能弄到收不了场的地步

（2）学会“作秀”

有人把“作秀”看作虚伪的、不阳光的字眼，其实是不正确的。对于团队的负责人来说，“作秀”是管理工作中一种不可或缺的素养和艺术。一个不懂得、不善于“作秀”的干部，是一个呆板的干部，也是境界不高的表现。

对于负责人来说，要做的事情比员工多许多。如果每一样事情都“脚踏实地”做到位，你的时间和精力根本不够用。因此，你要懂得“有所不为才能有所为”。对于那些“不为”的事情，并不是完全不管不问，而是要教导下属正确的工作方法，示范、引导部属去做，自己抽出精力关注那些重要的人和事。

需要说明的是，合理的“作秀”和“脚踏实地工作”并不冲突。如果一个当干部的人只会“脚踏实地”工作而不懂得“作秀”的艺术，不但他个人做得很辛苦，团队的业绩也一定不会好。因为团队业绩是靠大家的高昂士气干出来的，你作为团队负责人，主要责任就是想办法提升员工的士气，培养对工作的热情，大家共同努力才能做好工作。

如是你想成为“作秀”的高手，下面几个方面一定要加以注意：

第一，“作秀”要巧妙，不能让下面的人看出你是在“作秀”。对团队负责人来说，四肢需要发达，头脑可不能简单。做管理工作不能阳奉阴违，但要懂得策略。这就是管理艺术。如果你在“作秀”，又让别人一眼就看出来你是在“作秀”，不但达不到“作秀”的效果，反而会让人觉得你很虚伪。因此，在实施“作秀”之前，一定要动一下脑筋，让别人感觉你的“作秀”是自然的行为。

第二，“作秀”要有选择，不能事事作秀。如果你在管理工作中频繁地使用“作秀”的方式，可能结果会变得很糟糕。因此，“作秀”要有选择地为之，要偶尔为之，要巧妙为之。

第三，“作秀”要适可而止。我们之所以“作秀”，是想通过一种方式达到某种目的。一旦目的达成，就要适时终止。

第四，巧借场景鼓士气。激发团队士气可以借助一定的场景。记住一个道理：聪明的人能够创造场景，一般的人只能被场景感染。

第五，让自己成为士气达人。如果你是一个团队的负责人，就要明白“上行下效”的道理。上梁不正，下梁就歪。想让你的团队保持高昂的工作士气，你自己首先应该成为士气高昂的干部，成为士气达人。

3. 士气提升的“二八法则”

要塑造高士气团队，就要了解“二八原理”在团队士气提升中的重要作用。

如果你是团队负责人，你要学会用自己的言行影响你手下最得力的少数人，再由这些少数人向外一层一层延伸，最后影响大部分人。这就是士气提升“二八原理”的内涵和意义。

在图 7-3 中有两个黑色的圈，里面的是核心圈，外面的是集体圈。

（1）核心圈：进入核心圈的员工，都是值得信赖的。你要提升团队士气时，就要用你的言行影响核心圈里的员工，在他们中广泛宣传你的团队思想和工作理念，让他们逐步认同你的思想和理念，从而成为你的思想、理念的宣传员。依靠他们将你的影响和期望向外一步步延伸。

能够用好核心圈的员工，你就成功了一半。

（2）集体圈：进入集体圈的员工，是要团结的对象。这是团队里的大多数，工作任务要靠他们具体执行。这是团队的主流。能把这些员工团结好，你成功的希望就达到了八成以上。

（3）圈外人员：对于集体圈以外的员工，则要采取教育、分化、淘汰 3 种方式。通过教育，将一部分能够转变的员工分化出来，吸收进入集体圈。对屡教不改、顽固不化的员工，你一定要果断淘汰，不能让极少数士气低落的落后分子拖

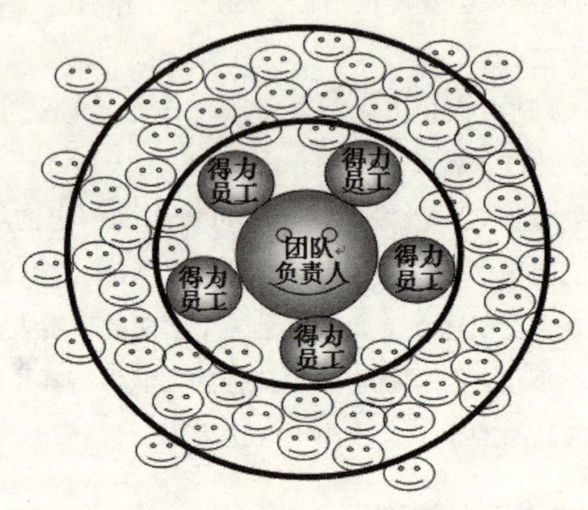

图 7－3　团队士气提升“二八原理”效果图

垮了整个团队的士气。

要注意的是，一个团队士气是高涨还是低落，不是取决于大多数人，关键在于极少数的核心人员处于什么样的状态。

4. 团队士气提升的“倒金字塔”效应

在激发团队士气过程中，作为团队负责人，你是“幕后推手”。你起的作用是“烘干柴草”、“点燃柴草”。

所谓“幕后推手”，就是要懂得“策划”团队士气提升方式；所谓“烘干柴草”，就是要做好提升士气的准备工作。没有良好铺垫作为基础，提升士气就会成为一句空话：所谓“点燃柴草”，就是掌握点燃士气的导火线，在适当的时候，将“烘干”的“士气柴草”点燃，让团队士气腾起冲天大火。

图 7－4 中，我们首先看到的是一个团队如火山喷发一般的高昂士气。凡事有果就有因，通过士气的表面现象，你会发现原来支撑高涨士气的因素，是被激发出来的员工工作的激情；能够激发员工工作激情的是得力的宣传带动方式；左

右宣传活动进行的，是团队的负责人。虽然团队负责人隐藏在倒金字塔最下面，但却是最基本的支点。

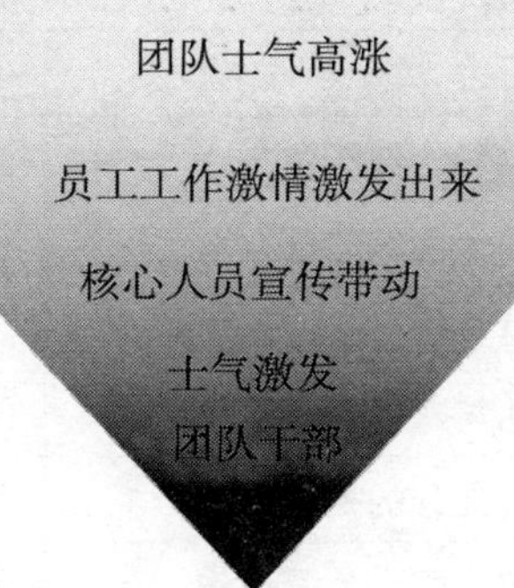

图7－4 团队士气提升倒金字塔效应图

由此可见，团队的主要干部是激发团队士气的核心因素。

5. 提升团队士气的职能分工

虽然团队负责人是激发团队士气的核心因素，但在提升团队士气过程中，仅靠负责人自己的努力是不够的。要想收到良好的效果，就要调动大家的积极性，让整个团队中的所有人员各司其职、共同努力，才能达到“提升团队士气”的目的。

如果你是新任的团队负责人，缺少激发团队士气的经验，下面的表格可供你在工作中借鉴。

表7－3　　提升团队士气职能分工表

职务	职能	工作重点	工作事项
团队负责人	负责规划、统筹团队士气提升工作	构想团队士气提升思路	采用座谈、会议等形式
		提炼团队士气理念，启发部属的思路、理念和创造性	加强宣传、座谈，提出口号，撰写报告等
		统筹、协调	加强沟通工作
		组织总结改善活动	采用会议、报告等形式
副职及基层干部	协助上司做好贯彻落实工作	宣传发动，落实规划方案	采用早会、临时会议形式
		培训，端正下属心态，提高技能，增强认识	采取集中培训和个别培训相结合的方式
		强化执行力	从抓工作细节入手
		检查、改善、创新	检查落实情况，思考改善
文员	配合做好文书工作	按照负责人要求制订方案	起草相关文书、表格
		信息汇总、数据整合、传达	让信息、数据有效传达
		上情下达与建议反馈	传达指令及时、有效、准确
		有关士气提升的档案管理	做好归档工作，细心谨慎
基层员工	保持高昂士气投入工作	端正认识，配合上司工作	积极参加相关会议、座谈
		积极行动，提高工作效率	高效工作，做好每一个细节
		积极参加培训，提高技能	主动参加相关培训
		配合同事，服从大局	端正心态，包容同事

表7－3中，每个岗位都有自己应承担的职责。如果大家都能各司其职做好工作，团队的整体士气一定非常可观。